はじめに

　本書は発音編と本編 12 課からなる中国語初級テキス

　近年、大学において 1 時限あたりの授業時間および各学期の授業週数に調整が行われていることを念頭に、課の数を少なくする一方、1 課の分量を多くした。

　本編は「新出単語」、「会話」、「文法ポイント」、「練習」の 4 つの部分により構成されている。「新出単語」は「会話」と「文法ポイント」内の新出単語である。「会話」には二つの会話文があり、いずれも日常生活で使える自然な表現となっている。「文法ポイント」には各課 5 〜 6 の項目があり、大学の初年度に学ぶべき文法事項をほぼカバーしている。「練習」には使用頻度の高い補充単語が盛り込まれ、反復練習により基本表現の定着がはかれるようになっている。

　本書の最大の特徴は「練習」が充実していることである。各課の練習は「会話」、「筆記」、「リスニング」に分かれ、それぞれ 2 種類の練習が組み込まれている。すべての練習が基本的に日本語を介さずに行えるものとなっており、豊富な練習と実践的な問題を通じ、「聞ける」「話せる」中国語を身に着けることができる。

　練習には中国語検定 4 級の出題形式に準じた問題が含まれ、資格の取得を目指す学生にも役立つ内容となっている。

　本テキストを週 2 回の授業で使用する場合、2 つある会話文を 2 回に分けて学んでもよく、会話練習に十分時間を取り、筆記・リスニング練習も授業中に行うことが可能である。復習や確認テストにも時間を取れるであろう。週 1 回の授業で使用する場合は筆記練習、リスニング練習を宿題にしてもよい。

　本書の出版にあたって朝日出版社の中西陸夫氏、宇都宮佳子さんに大変お世話になりました。心より感謝いたします。

2023 年秋

筒井紀美
王紅艶

目次　Contents

発 音 1

Ⓐ 你 好！　　　　　　こんにちは。　　　　　🔊1
　　Nǐ hǎo!

Ⓑ 你 好！　　　　　　こんにちは。
　　Nǐ hǎo!

Ⓐ 你们 好！　　　　　皆さん、こんにちは。
　　Nǐmen hǎo!

Ⓑ 老师 好！　　　　　先生、こんにちは。
　　Lǎoshī hǎo!

1　声調　　　　　　　　　　　　　　　　　　　🔊2

「声調」とは音の高低、上昇・下降を表す抑揚変化の調子（トーン）のことである。中国語の声調には4種類あるので「四声」とも言う。

第1声	第2声	第3声	第4声
高く平らに伸ばして発音する。	低いところから高いところへ急激に上げて発音する。	低く抑えて発音する。	高いところから低いところへ一気に下げて発音する。

mā　　　　　má　　　　　mǎ　　　　　mà

◆ 第三声の注意点

第３声強調形：ふつう、第３声は低く抑えたままで終わる「半３声」で発音されるが、単独で発音したり、強調して発音したりする場合は、図の点線部分も発音するので注意すること。

mǎ

2 軽声 🔊3

四声以外に音節本来の声調が失われ、前の音節に添えて軽く短く発音される軽声がある。声調記号は付けない。軽声の音の高さは前の音節の声調によって決まる。

   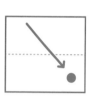

| māma | máma | mǎma | màma |

✎ 第３声の場合のみ、軽声は前の音節より高くなるが、その他の声調の場合は低くなる。

練習 声調の違いに注意して発音練習をしましょう。🔊4

(1) á – à (2) ā – ǎ

(3) màmá – mámā (4) màmǎ – māmá

(5) māma – máma (6) mǎma – màma

ドリル

1. 発音した方に○をつけましょう。🔊5

(1) á – ǎ (2) á – à

(3) à – ǎ (4) ā – ǎ

(5) māmà – mǎmá (6) māmǎ – mǎmā

(7) mǎma – máma (8) māma – màma

2. 発音を聞いて、声調記号をつけましょう。🔊6

(1) a (2) a (3) a (4) a

(5) ma (6) ma (7) mama (8) mama

3 単母音

a o e i u ü er
　　　　　(yi) (wu) (yu)

a	日本語の「ア」より口を大きく開けて発音する。
o	唇をアルファベットの「o」の形にして発音する。
e	口を半開きにしたまま、のどの奥から「ウ」を発音する。
i	日本語の「イ」よりも口の端を左右に引いて発音する。
u	唇をまるくして前に突きだし、舌を奥に引いて発音する。
ü	"u" と同じ口の形で「イ」を発音する。
er	"e" を発音した後、舌先をそり上げる。

🖉 前に子音がつかず、単母音のみで音節を構成する時、

(1) "a・o・e・er" はそのまま表記する。"ā（阿）"。

(2) "i・u・ü" は "yi・wu・yu" と表記する。"yī（衣）"。

練習 母音の違いに注意して発音練習をしましょう。 ■))8

(1) a – o　　　(2) o – e　　　(3) ü – i

(4) e – a　　　(5) u – ü　　　(6) i – u

(7) er– e　　　(8) o – er　　　(9) ü – er

ドリル

1. 発音を聞いて、単母音を書き取りましょう。 ■))9

(1) ＿＿＿＿　(2) ＿＿＿＿　(3) ＿＿＿＿

(4) ＿＿＿＿　(5) ＿＿＿＿　(6) ＿＿＿＿

2. 発音を聞いて、音節を書き取りましょう。 ■))10

(1) ＿＿＿＿（椅）(2) ＿＿＿＿（翼）(3) ＿＿＿＿（屋）

(4) ＿＿＿＿（鵝）(5) ＿＿＿＿（五）(6) ＿＿＿＿（衣）

(7) ＿＿＿＿（二）(8) ＿＿＿＿（儿）(9) ＿＿＿＿（耳）

Ⓐ **您 早！**　　　　　　　　　　おはようございます。　🔊11
　 Nín zǎo!

Ⓑ **你 早！**　　　　　　　　　　おはようございます。
　 Nǐ zǎo!

Ⓐ **再见！**　　　　　　　　　　さようなら。
　 Zàijiàn!

Ⓑ **明天　见！**　　　　　　　　また明日。
　 Míngtiān jiàn!

1　**子音**　　　　　　　　　　　　　　　　　　🔊12

	無気音	有気音			
唇音	b	p	m	f	
舌尖音	d	t	n		l
舌根音	g	k		h	
舌面音	j	q		x	
そり舌音	zh	ch		sh	r
舌歯音	z	c		s	

2　**無気音と有気音**

無気音は息を抑えて発音する。

有気音は息を勢いよく強く出して発音する。

9

3 そり舌音

zh は無気音、舌先を上の歯ぐきから少し奥にあてがい、息を抑えながら発音する。

ch は有気音、"zh" と同じ舌の位置で息を一気に強く出して発音する。

sh は舌先を上の歯ぐきの奥に近づけ、隙間から息を通して発音する。

r は "sh" と同じ舌の位置で声帯を震わせて発音する。

✏ そり舌音 "zh、ch、sh、r" と舌歯音 "z、c、s" の後ろに来る "i" は、それぞれの子音の発音状態を保ったままで発音する特殊な母音である。

✏ 子音 "j-, q-, x-" の後ろに続く "ü" は、"‥" をつけず "u" と表記する。

ju ○ — jü ×,　　　qu ○ — qü ×,　　　xu ○ — xü ×

練習

1. 有気音と無気音の違いに注意して発音しましょう。 🔊13

(1)　bo – po　　(2)　gu – ku　　(3)　di – ti

(4)　ta – da　　(5)　pu – bu　　(6)　ke – ge

2. 子音の違いに注意して発音練習をしましょう。 🔊14

(1)　qǐ – chǐ　　(2)　cù – sù　　(3)　cā – kā

(4)　zhī – jī　　(5)　zī – zhī　　(6)　rì – lì

3. "ü" の表記に注意して発音練習をしましょう。 🔊15

(1)　jī – jū　　(2)　jué – qué　　(3)　xué – xié

(4)　kǔ – qǔ　　(5)　lú – lú　　(6)　pǔ – qǔ

ドリル

1. 発音を聞いて、音節を書き取りましょう。 ◀》16

(1) ＿＿＿＿（鼻）　(2) ＿＿＿＿（鶴）　(3) ＿＿＿＿（塔）

(4) ＿＿＿＿（女）　(5) ＿＿＿＿（鹿）　(6) ＿＿＿＿（米）

2. 発音を聞いて、音節を書き取りましょう。 ◀》17

(1) zá＿＿＿＿（杂志）　(2) ＿＿＿＿kǎ（磁卡）　(3) lǎo＿＿＿＿（老师）

(4) ＿＿＿＿huà（字画）　(5) ＿＿＿＿chē（汽车）　(6) shǒu＿＿＿＿（手机）

発 音 **3**

Ⓐ **谢谢！** ありがとうございます。 🔊18
Xièxie!

Ⓑ **不 客气！** どういたしまして。
Bú　kèqi!

Ⓐ **对不起！** すみません。
Duìbuqǐ!

Ⓑ **没 关系！** 大丈夫です。
Méi guānxi!

1　複母音 🔊19

ai	ei	ao	ou	
ia	**ie**	**ua**	**uo**	**üe**
(ya)	(ye)	(wa)	(wo)	(yue)
iao	**iou**	**uai**	**uei**	
(yao)	(you)	(wai)	(wei)	

1　二重母音

前の母音をはっきり発音し、後ろの母音を軽く添える。

　　ai　ei　ao　ou

前の母音を軽く発音し、後ろの母音をはっきり発音する。

　　ia　ie　ua　uo　üe

✏️ "i・u・ü"で始まる複母音が単独で音節をなす場合、"i"を"y"に、"u"を"w"に、"ü"を"yu"に変えて綴る。ia → yá（牙）/ ua → wǎ（瓦）/ üe → yuè（月）

練習 発音練習をしましょう。 🔊20

(1) lèi (2) hái (3) pǎo (4) dōu

(5) guó (6) kuǎ (7) yě (8) lüè

2 三重母音

iao iou uai uei

🖊 "iou"，"uei" が子音と結合して音節をなす時は主母音 "o"、"e" を省略して綴る。

q + iou → qiu

g + uei → gui

◆ 声調記号の付け方

声調記号は必ず母音の上につける。母音が二つある場合は：

① "a" があれば、必ずその上につける。

② "a" がなければ、"e" か "o" の上につける。

③ "iu" と "ui" では、後ろの母音の上に声調記号を付ける。

"留" → liú   "会" → huì

練習 違いに注意して発音練習をしましょう。 🔊21

(1) yāo – yōu (2) wài – wèi (3) yǒu – jiǔ

(4) liǎo – niǎo (5) gài – guài (6) shéi – shuí

ドリル 発音を聞いて書き取りましょう。 🔊22

(1) 白＿＿＿＿ (2) 都＿＿＿＿ (3) 脑＿＿＿＿

(4) 开＿＿＿＿ (5) 票＿＿＿＿ (6) 快＿＿＿＿

2 **鼻母音** 🔊23

an	en	ang	eng	ong
ian	in	iang	ing	iong
(yan)	(yin)	(yang)	(ying)	(yong)
uan	uen	uang	ueng	
(wan)	(wen)	(wang)	(weng)	
üan	ün			
(yuan)	(yun)			

✏️ -n は舌先を上の歯ぐきにぴったりと押し当てて発音する。

-ng は舌の付け根をもちあげ、舌先はどこにもつけずに発音する。

1 前鼻音（"-n"で終わる母音）

an　ian　uan　üan

en　in　uen　ün

2 奥鼻音（"-ng"で終わる母音）

ang　iang　uang

eng　ing　ueng

ong　iong

✏️ "uen"が子音と結合して音節をなす時は主母音"e"を省略して綴る。

例えば、　h　+　uen　→　hun

練習 発音練習をしましょう。 🔊24

(1)　jiǎndān　　　　(2)　ānquán　　　　(3)　rénmín

(4)　zhèngmíng　　(5)　guānguāng　　(6)　fǎngwèn

ドリル 発音した方に○をつけましょう。 🔊25

(1)　wǎn – wǎng　　(2)　qián – qiáng　　(3)　míng – mín

(4)　děng – dǒng　　(5)　chuán – chuáng　　(6)　yìn – yùn

◆　言ってみよう 🔊26

数字

零	一	二	三	四	五	六	七	八	九	十
líng	yī	èr	sān	sì	wǔ	liù	qī	bā	jiǔ	shí

Ⓐ 请 坐。 どうぞおかけください。 ◀) 27
Qǐng zuò.

Ⓑ 打搅 您 了。 お邪魔しました。
Dǎjiǎo nín le.

Ⓐ 哪里 哪里。 とんでもないです。
Nǎlǐ nǎlǐ.

Ⓑ 请 多 关照。 どうぞよろしく。
Qǐng duō guānzhào.

Ⓐ 也 请 你 多 关照。 こちらこそ。
Yě qǐng nǐ duō guānzhào.

1 r 化音 ◀) 28

　母音 "er" は接尾辞として他の音節と結合することがあり、それを「r 化音」と呼ぶ。ピンイン表記上は "er" の "e" を省略し、"r" だけを書く。漢字では "儿" と表記する。例えば、

　　　huā ＋ er → huār（花儿）

"-i・-n・-ng" で終わる音節が r 化した場合、"-i・-n・-ng" は発音しない。例えば、

　　　wán ＋ er → wánr（玩儿）

練習 「r」の発音に注意して発音練習しましょう。 ◀) 29

(1) zhèr 　　(2) nàr 　　(3) nǎr

(4) xiǎoháir 　　(5) liáotiānr 　　(6) yíhuìr

声調の変化

1 「第3声＋第3声」の声調変化　🔊30

　第3声が2つ続く場合、最初の第3声を第2声で発音する。しかし、声調記号はそのまま第3声で表記する。

$$第3声　＋　第3声　→　第2声　＋　半3声$$
$$nǐ　　　　　　hǎo　　　　　　　　nǐ hǎo（你好）$$

練習　第3声の発音に注意して発音練習をしましょう。🔊31

(1)　měinǚ　　　(2)　qǐdiǎn　　　(3)　guǎnlǐ

(4)　bǎoxiǎn　　(5)　yǒnggǎn　　(6)　zhǎnlǎn

2 "不" の声調変化　🔊32

$$bù　＋　第4声　→　bú　＋　第4声$$

　"不"〔bù〕の後ろに第4声が来ると、"不" は第2声に変化する。声調記号も第2声で表記する。例えば、

$$bù　＋　shì　→　bú shì（不是）$$
$$bù　＋　qù　→　bú qù（不去）$$

練習　"不" の声調変化に注意して、発音練習をしましょう。🔊33

(1)　búyào　　　　(2)　búbiàn　　　(3)　búxìng

　"不" の後ろに第1、2、3声が来るときは、"不" は元来の声調である第4声で発音する。

3 "一" の声調変化　🔊34

① yī　＋　第1、2、3声　→　yì　＋　第1、2、3声

　"一" の後ろに第1、2、3声が来ると、"一" は第4声に変化する。声調記号も第4声で表記する。例えば、

$$yī　＋　tiān　→　yì tiān（一天）$$
$$yī　＋　nián　→　yì nián（一年）$$
$$yī　＋　bǎi　→　yìbǎi（一百）$$

② yī　＋　第4声　→　yí　＋　第4声

　"一" の後ろに第4声が来ると、"一" は第2声に変化する。声調記号も第2声で表記す

る。例えば、

　　yī　＋　qiè　→　yíqiè（一切）

練習　"一"の声調変化に注意して、発音練習をしましょう。 🔊35

(1)　yìqiān　　　(2)　yìkǒu　　　(3)　yìnián

(4)　yízhì　　　(5)　yílù　　　(6)　yíshùn

✏️ "一"が序数（年月日など）や固有名詞を表す場合は元来の声調〔yī〕で発音する。
例えば、

　　yīyuè yī hào（一月一号）　／　Yīqiáo Dàxué（一桥大学）

◆　隔音記号「'」の使い方

　"a, o, e"で始まる音節が前の音節に続くと音節の境目がわかりにくい。こういう時は、その間に隔音記号「'」を入れる。たとえば、"Xī'ān（西安）、Cháng'ān（长安）"。

発音練習

🔊36

	第一声	第二声	第三声	第四声	軽声
第一声	jīntiān 今天 今日	gōngyuán 公园 公園	kāishǐ 开始 始める	shūdiàn 书店 本屋	tāmen 他们 彼ら
第二声	shíjiān 时间 時間	xuéxí 学习 勉強する	niúnǎi 牛奶 ミルク	chídào 迟到 遅刻する	péngyou 朋友 友達
第三声	hǎochī 好吃 美味しい	měinián 每年 毎年	shuǐguǒ 水果 くだもの	yǎnjìng 眼镜 眼鏡	jiějie 姐姐 姉
第四声	diànchē 电车 電車	liànxí 练习 練習する	Hànyǔ 汉语 中国語	zàijiàn 再见 さようなら	xièxie 谢谢 ありがとう

発音
4

1 大家 好！ 皆さん、こんにちは。
　Dàjiā hǎo!

　老师 好！ 先生、こんにちは。
　Lǎoshī hǎo!

2 现在 开始 上课。 これから授業を始めます。
　Xiànzài kāishǐ shàngkè.

3 现在 开始 点名。 これから出欠をとります。
　Xiànzài kāishǐ diǎnmíng.

　田中 一郎！── 到！ 田中一郎さん。─はい。
　Tiánzhōng Yīláng! 　　Dào!

4 今天 学习 第 一 课。 今日は第一課を学びます。
　Jīntiān xuéxí dì yī kè.

5 请 看 第 十 页。 十ページを見てください。
　Qǐng kàn dì shí yè.

6 请 跟 我 念（生词／课文）。 私の後について（新出単語、本文を）
　Qǐng gēn wǒ niàn (shēngcí / kèwén). 　読んでください。

7 请 再 读 一 遍。 もう一度読んでください。
　Qǐng zài dú yí biàn.

8 今天 就 到 这儿。再见！ 今日はここまでにします。さようなら。
　Jīntiān jiù dào zhèr. Zàijiàn!

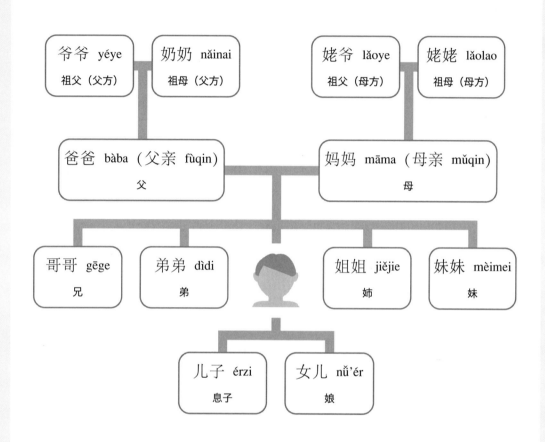

爷爷 yéye
祖父（父方）

奶奶 nǎinai
祖母（父方）

姥爷 lǎoye
祖父（母方）

姥姥 lǎolao
祖母（母方）

爸爸 bàba（父亲 fùqin）
父

妈妈 māma（母亲 mǔqin）
母

哥哥 gēge
兄

弟弟 dìdi
弟

姐姐 jiějie
姉

妹妹 mèimei
妹

儿子 érzi
息子

女儿 nǚ'ér
娘

丈夫 zhàngfu
夫

妻子 qīzi
妻

爱人 àiren
配偶者

孩子 háizi
子供

19

第 **1** 課

我是日本人

新出単語　Words and Phrases

会話　🔊39

☐ 你 nǐ　あなた	☐ 是 shì　〜である（判断を表す）
☐ 中国人 Zhōngguórén　中国人	☐ 吗 ma　〜か（疑問を表す）
☐ 我 wǒ　わたし	☐ 不 bù　〜でない、〜しない
☐ 日本人 Rìběnrén　日本人	☐ 他 tā　彼
☐ 也 yě　〜も	☐ 老师 lǎoshī　先生
☐ 学生 xuésheng　学生	☐ 留学生 liúxuéshēng　留学生
☐ 中国 Zhōngguó　中国	☐ 你们 nǐmen　あなたたち
☐ 都 dōu　みな、いずれも	☐ 北京大学 Běijīng Dàxué　北京大学
☐ 的 de　〜の〜、〜の	☐ 我们 wǒmen　わたしたち

文法ポイント　🔊40

☐ 他们 tāmen　彼ら	☐ 她 tā　彼女
☐ 大学生 dàxuéshēng　大学生	☐ 日本 Rìběn　日本
☐ 大学 dàxué　大学	☐ 书 shū　本
☐ 她们 tāmen　彼女たち	☐ 朋友 péngyou　友だち
☐ 妈妈 māma　お母さん、母	☐ 汉语 Hànyǔ　中国語
☐ 课本 kèběn　テキスト	☐ 英语 Yīngyǔ　英語
☐ 词典 cídiǎn　辞書	

会話　Conversation

会話 1 🔊 41

A 你 是 中国人 吗？
Nǐ shì Zhōngguórén ma?

B 我 不 是 中国人。我 是 日本人。
Wǒ bú shì Zhōngguórén. Wǒ shì Rìběnrén.

A 他 也 是 日本人 吗？
Tā yě shì Rìběnrén ma?

B 他 也 是 日本人。
Tā yě shì Rìběnrén.

会話 2 🔊 42

A 你 是 老师 吗？
Nǐ shì lǎoshī ma?

B 我 不 是 老师。我 是 学生。
Wǒ bú shì lǎoshī. Wǒ shì xuésheng.

A 你 是 留学生 吗？
Nǐ shì liúxuéshēng ma?

B 我 不 是 留学生，我 是 中国 学生。
Wǒ bú shì liúxuéshēng, wǒ shì Zhōngguó xuésheng.

A 你们 都 是 北京大学 的 学生 吗？
Nǐmen dōu shì Běijīng Dàxué de xuésheng ma?

B 我们 都 是 北京大学 的 学生。
Wǒmen dōu shì Běijīng Dàxué de xuésheng.

文法ポイント

POINT 1 人称代名詞

◀))43

	一人称	二人称	三人称	疑問
単数	我 wǒ（私）	你 nǐ（あなた） 您 nín（あなたさま）	他 tā（彼） 她 tā（彼女） 它 tā（それ）	谁 shéi (shuí) （誰）
複数	我们 wǒmen（私たち） 咱们 zánmen（私たち）	你们 nǐmen（あなたたち）	他们 tāmen（彼ら） 她们 tāmen（彼女ら） 它们 tāmen（それら）	

☞ "您"は"你"の敬称。話し言葉では"您们"とは言わない。

　"咱们"は聞き手も含めた私たち。話し言葉で用いられる。

POINT 2 "是"の文

◀))44

A +"是"+ B（A は B である。）

我是中国人。　　　　他们是日本人。
Wǒ shì Zhōngguórén.　　Tāmen shì Rìběnrén.

他是老师。　　　　　我们是学生。
Tā shì lǎoshī.　　　　Wǒmen shì xuésheng.

　否定のときは"是"の前に副詞"不"を置く。

我不是中国人。　　　他不是学生。
Wǒ bú shì Zhōngguórén.　Tā bú shì xuésheng.

（後ろに第4声が来ると、"不"は第2声になる。）

POINT 3 "吗" の疑問文

🔊 45

文末に助詞 "吗" を加えると肯定か否定かを問う疑問文になる。

你是中国人吗？ —— 我是中国人。
Nǐ shì Zhōngguórén ma?　　Wǒ shì Zhōngguórén.

我不是中国人。
Wǒ bú shì Zhōngguórén.

她是留学生吗？ —— 她是留学生。
Tā shì liúxuéshēng ma?　　Tā shì liúxuéshēng.

她不是留学生。
Tā bú shì liúxuéshēng.

POINT 4 副詞 "也" と "都"

🔊 46

"也"（～も）、"都"（みな）などの副詞は述語の前に置く。

我也是日本人。　　　　　　　你也是老师吗？
Wǒ yě shì Rìběnrén.　　　　　Nǐ yě shì lǎoshī ma?

我也不是中国人。
Wǒ yě bú shì Zhōngguórén.

我们都是大学生。　　　　　　你们都是中国人吗？
Wǒmen dōu shì dàxuéshēng.　　Nǐmen dōu shì Zhōngguórén ma?

我们都不是学生。
Wǒmen dōu bú shì xuésheng.

我们也都是留学生。
Wǒmen yě dōu shì liúxuéshēng.

POINT 5 　助詞 "的"（1）

名詞＋"的"＋名詞（〜の〜）

日本的大学　　　我的书
Rìběn de dàxué　　　wǒ de shū

你们的老师　　　她们的朋友
nǐmen de lǎoshī　　　tāmen de péngyou

　人称代名詞＋人間関係／所属などのとき、"的"を省略できる。

他的妈妈　 →　他妈妈
tā de māma　　　 tā māma

我们的大学　→　我们大学
wǒmen de dàxué　　　wǒmen dàxué

　熟語化している場合にも "的" を省略できる。

日本老师　　　中国留学生
Rìběn lǎoshī　　　Zhōngguó liúxuéshēng

汉语课本　　　英语词典
Hànyǔ kèběn　　　Yīngyǔ cídiǎn

　"的" の後に来る語が前後関係からわかっている場合は省略できる。

老师的（课本）　　北京大学的（学生）
lǎoshī de (kèběn)　　Běijīng Dàxué de (xuéshēng)

我们都是北京大学的。
Wǒmen dōu shì Běijīng Dàxué de.

練習 Practice

補充単語 🔊48

- ☐ 韩国 Hánguó 韓国
- ☐ 美国 Měiguó アメリカ
- ☐ 法国 Fǎguó フランス
- ☐ 售货员 shòuhuòyuán 店員
- ☐ 护士 hùshi 看護師
- ☐ 复旦大学 Fùdàn Dàxué 復旦大学
- ☐ 四川大学 Sìchuān Dàxué 四川大学
- ☐ 日语 Rìyǔ 日本語
- ☐ 法语 Fǎyǔ フランス語
- ☐ 高中生 gāozhōngshēng 高校生

- ☐ 新加坡 Xīnjiāpō シンガポール
- ☐ 英国 Yīngguó イギリス
- ☐ 职员 zhíyuán 職員
- ☐ 医生 yīshēng 医者
- ☐ 清华大学 Qīnghuá Dàxué 清華大学
- ☐ 南京大学 Nánjīng Dàxué 南京大学
- ☐ 台湾大学 Táiwān Dàxué 台湾大学
- ☐ 韩语 Hányǔ 韓国語
- ☐ 德语 Déyǔ ドイツ語
- ☐ 初中生 chūzhōngshēng 中学生

会話練習

1 （　　）の単語を使って下線部の単語を入れ替え、ペアで練習しましょう。 🔊49

❶ A 你是中国人吗？　　　　　　B 我是中国人。(/ 我不是中国人。)
Nǐ shì Zhōngguórén ma?　　　　　Wǒ shì Zhōngguórén. (/ Wǒ bú shì Zhōngguórén.)

（韩国 Hánguó　新加坡 Xīnjiāpō　美国 Měiguó　英国 Yīngguó　法国 Fǎguó）

❷ A 他是学生吗？　　　　　　B 他是学生。(/ 他不是学生。)
Tā shì xuésheng ma?　　　　　　Tā shì xuésheng. (/ Tā bú shì xuésheng.)

（老师 lǎoshī　职员 zhíyuán　售货员 shòuhuòyuán　医生 yīshēng　护士 hùshi）

❸ A 你是北京大学的学生吗？　B 我是北京大学的学生。
Nǐ shì Běijīng Dàxué de xuésheng ma?　　Wǒ shì Běijīng Dàxué de xuésheng.

（清华大学 Qīnghuá Dàxué　复旦大学 Fùdàn Dàxué　南京大学 Nánjīng Dàxué
四川大学 Sìchuān Dàxué　台湾大学 Táiwān Dàxué）

❹ A 他也是汉语老师吗？　　　B 他也是汉语老师。(/ 他不是汉语老师。)
Tā yě shì Hànyǔ lǎoshī ma?　　　Tā yě shì Hànyǔ lǎoshī. (/ Tā bú shì Hànyǔ lǎoshī.)

（英语 Yīngyǔ　日语 Rìyǔ　韩语 Hányǔ　法语 Fǎyǔ　德语 Déyǔ）

❺ A 你们都是日本人吗？　　　B 我们都是日本人。
Nǐmen dōu shì Rìběnrén ma?　　　Wǒmen dōu shì Rìběnrén.

（大学生 dàxuéshēng　高中生 gāozhōngshēng　初中生 chūzhōngshēng
日本学生 Rìběn xuésheng　中国留学生 Zhōngguó liúxuéshēng）

ペアで問答練習をしましょう。

① 你是日本人吗？

② 你是中国人吗？

③ 你们都是日本人吗？

④ 我是学生，你也是学生吗？

⑤ 你是北京大学的学生吗？

筆 記

3 次のピンインを漢字に直しましょう。

① Wǒ shì Rìběnrén.

② Nǐ shì Zhōngguórén ma?

③ Wǒ bú shì Měiguórén.

④ Nǐmen shì liúxuéshēng ma?

⑤ Tāmen yě shì Fǎguórén.

4 （　　）に適切なものを①〜④の中から一つ選び、文を完成しましょう。

① 我的老师（　　　　）新加坡人。
　　　①不　　　　②是　　　　③也　　　　④都

② 她（　　　　）是美国人。
　　　①也　　　　②都　　　　③的　　　　④吗

③ 她是复旦大学（　　　　）留学生。
　　　①也　　　　②不　　　　③都　　　　④的

④ 他们都是职员（　　　　）？
　　　①的　　　　②也　　　　③吗　　　　④不

⑤ 我妈妈也（　　　　）是护士。
　　　①不　　　　②的　　　　③都　　　　④吗

リスニング 🎧

5 発音を聞き、漢字を書きとりましょう。　🔊50

❶ ....

❷ ....

❸ ....

❹ ....

❺ ....

6 質問を聞き、次の①〜④の中から適切な答えを一つ選びましょう。　🔊51

❶　①我是中国人。　　②我不是日本人。　　③你是日本人。　　④他也是中国人。

❷　①他是北京大学的老师。　　　　②我是北京大学的学生。
　　③你是南京大学的职员。　　　　④他是南京大学的学生。

❸　①我不是老师。　　②我也是学生。　　③他们都是老师。　　④他也是。

❹　①他也是日本人。　　　　　　②我也是中国留学生。
　　③他们都不是日本人。　　　　④我也是日本人。

❺　①我们都是日本人。②我们都是留学生。③我是护士。　　　④他们都是。

Lesson 2

第 **2** 課

您贵姓？

新出単語 Words and Phrases

会話 🔊 52

- □ 您 nín　あなたさま（敬）
- □ 姓 xìng　〜という姓である
- □ 叫 jiào　（名前は）〜という
- □ 田中 Tiánzhōng　田中（姓）
- □ 请多关照 Qǐng duō guānzhào　どうぞよろしく
- □ 咖啡 kāfēi　コーヒー
- □ 很 hěn　とても
- □ 好 hǎo　いい、はい（同意を表す）
- □ 吧 ba　〜ましょう、〜でしょう
- □ 和 hé　〜と
- □ 呢 ne　（疑問）〜は？
- □ 好吃 hǎochī　（食べて）おいしい

- □ 贵姓 guìxìng　お名前（敬）
- □ 王 Wáng　王（姓）
- □ 王洋 Wáng Yáng　王洋（人名）
- □ 你好 nǐ hǎo　こんにちは
- □ 喝 hē　飲む
- □ 这儿 zhèr　ここ
- □ 好喝 hǎohē　（飲んで）おいしい
- □ 啊 a　（感嘆）よ、ね
- □ 买 mǎi　買う
- □ 点心 diǎnxīn　お菓子、軽食
- □ 面包 miànbāo　パン

文法ポイント 🔊 53

- □ 这 zhè　これ
- □ 这个 zhège　これ、この
- □ 中田 Zhōngtián　中田（姓）
- □ 那儿 nàr　あそこ
- □ 吃 chī　食べる

- □ 那 nà　それ、あれ
- □ 那个 nàge　それ、その、あれ、あの
- □ 忙 máng　忙しい
- □ 非常 fēicháng　非常に、きわめて

28

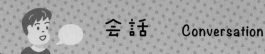 会話　Conversation

会話 1 🔊54

Ⓐ 您　贵姓？
Nín　guìxìng?

Ⓑ 我　姓　王。叫　王　洋。
Wǒ　xìng Wáng. Jiào Wáng Yáng.

Ⓐ 我　姓　田中。
Wǒ　xìng Tiánzhōng.

Ⓑ 你　好。请　多　关照。
Nǐ　hǎo. Qǐng　duō　guānzhào.

会話 2 🔊55

Ⓐ 你　喝　咖啡　吗？这儿　的　咖啡　很　好喝。
Nǐ　hē　kāfēi　ma?　Zhèr　de　kāfēi　hěn　hǎohē.

Ⓑ 好　啊。我们　喝　咖啡　吧。
Hǎo　a.　Wǒmen　hē　kāfēi　ba.

Ⓐ 我　买　咖啡　和　点心，你　呢？
Wǒ　mǎi　kāfēi　hé　diǎnxīn,　nǐ　ne?

Ⓑ 我　买　咖啡　和　面包。
Wǒ　mǎi　kāfēi　hé　miànbāo.

Ⓐ 面包　好吃　吗？
Miànbāo hǎochī ma?

Ⓑ 面包　很　好吃。
Miànbāo hěn　hǎochī.

文法ポイント

 POINT 1　指示代名詞と場所代名詞　　　🔊56

近　称	遠　称	疑　問
这 zhè（これ）	那 nà（それ、あれ）	哪 nǎ（どれ）
这个 zhège(zhèige) （これ、この）	那个 nàge(nèige) （それ、その、あれ、あの）	哪个 nǎge(něige) （どの、どれ）
这儿 zhèr　这里 zhèli （ここ）	那儿 nàr　那里 nàli （そこ、あそこ）	哪儿 nǎr　哪里 nǎlǐ （どこ）

✋ "哪"は一般的に単独で使わず、後ろに量詞をつけることが多い。

这是他的课本。
Zhè shì tā de kèběn.

那是你的书吗？── 那不是我的。
Nà shì nǐ de shū ma?　　　Nà bú shì wǒ de.

POINT 2　動詞述語文　　　🔊57

主語＋動詞＋目的語

我喝咖啡。　　　我买这个。
Wǒ hē kāfēi.　　Wǒ mǎi zhège.

我不喝咖啡。　　我不买那个。
Wǒ bù hē kāfēi.　Wǒ bù mǎi nàge.

你喝咖啡吗？　　你买这个吗？
Nǐ hē kāfēi ma?　Nǐ mǎi zhège ma?

POINT 3　名前の言い方　■))58

"姓" は「〜という姓である」、"叫" は「〜という名前である」という意味の動詞で、"貴姓" は姓を尋ねる丁寧な言い方である。

您贵姓？　　—— 我姓田中。
Nín guì xìng?　　Wǒ xìng Tiánzhōng.

我姓王，叫王洋。
Wǒ xìng Wáng, jiào Wáng Yáng.

他姓田中吗？　—— 他不姓田中，姓中田。
Tā xìng Tiánzhōng ma?　Tā bú xìng Tiánzhōng, xìng Zhōngtián.

POINT 4　形容詞述語文　■))59

主語＋副詞＋形容詞

対比や問いに対する答えでない場合には、形容詞の前に "很" などの副詞を用いる。

我很忙。　　　这儿的面包很好吃。
Wǒ hěn máng.　Zhèr de miànbāo hěn hǎochī.

我不忙。　　　这儿的点心不好吃。
Wǒ bù máng.　Zhèr de diǎnxīn bù hǎochī.

你忙吗？　　　那儿的咖啡好喝吗？
Nǐ máng ma?　Nàr de kāfēi hǎohē ma?

我妈妈非常忙。
Wǒ māma fēicháng máng.

対比の場合には、副詞を用いないこともある。

这儿的面包好吃，那儿的不好吃。
Zhèr de miànbāo hǎochī, nàr de bù hǎochī.

POINT 5 語気助詞 "吧" 🔊 60

勧誘・提案・命令 / 同意・承知 / 推測などを表す。

我们喝咖啡吧。
Wǒmen hē kāfēi ba.

我买咖啡，你买点心吧。
Wǒ mǎi kāfēi, nǐ mǎi diǎnxīn ba.

好吧！
Hǎo ba!

他是中国人吧？
Tā shì Zhōngguórén ba?

POINT 6 省略疑問の "呢" 🔊 61

名詞（句）の後につけて、「～は？」

我吃面包，你呢？
Wǒ chī miànbāo, nǐ ne?

我们是留学生，你们呢？
Wǒmen shì liúxuéshēng, nǐmen ne?

学生都去，老师呢？
Xuésheng dōu qù, lǎoshī ne?

文脈なく尋ねるときは「どこなのか」を問う。

王洋呢？
Wáng Yáng ne?

練習 Practice

- ☐ 红茶 hóngchá　紅茶
- ☐ 绿茶 lùchá　緑茶
- ☐ 啤酒 píjiǔ　ビール
- ☐ 汉堡 hànbǎo　ハンバーガー
- ☐ 蛋糕 dàngāo　ケーキ
- ☐ 困 kùn　眠い
- ☐ 累 lèi　疲れる
- ☐ 冷 lěng　寒い
- ☐ 贵 guì　（値段が）高い
- ☐ 甜 tián　甘い
- ☐ 漂亮 piàoliang　美しい
- ☐ 张 Zhāng　張（姓）
- ☐ 刘 Liú　劉（姓）

- ☐ 乌龙茶 wūlóngchá　ウーロン茶
- ☐ 牛奶 niúnǎi　牛乳
- ☐ 饭 fàn　ご飯、食事
- ☐ 三明治 sānmíngzhì　サンドイッチ
- ☐ 巧克力 qiǎokèlì　チョコレート
- ☐ 饿 è　空腹である
- ☐ 热 rè　熱い
- ☐ 高兴 gāoxìng　うれしい
- ☐ 便宜 piányi　安い
- ☐ 好看 hǎokàn　きれいだ
- ☐ 赵 Zhào　趙（姓）
- ☐ 李 Lǐ　李（姓）

会話練習

1 ペアで相手の名前を聞く練習をしましょう。　🔊)63

A　您贵姓？
Nín guìxìng?

B　我姓＿＿＿＿＿＿，叫＿＿＿＿＿＿＿＿。
Wǒ xìng　　　　 jiào

A　我叫＿＿＿＿＿＿＿＿。请多关照！
Wǒ jiào　　　　　　 Qǐng duō guānzhào!

B　请多关照。
Qǐng duō guānzhào.

2 （　）の単語を使って下線部の単語を入れ替え、ペアで練習しましょう。　🔊)64

❶ A　你喝咖啡吗？
Nǐ hē kāfēi ma?

B　我喝（/ 不喝）咖啡。
Wǒ hē (/ bù hē) kāfēi.

（红茶 hóngchá　乌龙茶 wūlóngchá　绿茶 lùchá　牛奶 niúnǎi　啤酒 píjiǔ）

❷ A　你吃面包吗？
Nǐ chī miànbāo ma?

B　我吃（/ 不吃）面包。
Wǒ chī (/ bù chī) miànbāo.

（饭 fàn　汉堡 hànbǎo　三明治 sānmíngzhì　蛋糕 dàngāo　巧克力 qiǎokèlì）

3 A 你忙吗？ B 我很忙（/不忙）。

Nǐ máng ma? Wǒ hěn máng (/ bù máng).

（困 kùn　饿 è　累 lèi　热 rè　冷 lěng　高兴 gāoxìng）

4 A 这儿的蛋糕好吃吗？ B 这儿的蛋糕很好吃（/不好吃）。

Zhèr de dàngāo hǎochī ma? Zhèr de dàngāo hěn hǎochī (/ bù hǎochī).

（贵 guì　便宜 piányi　甜 tián　好看 hǎokàn　漂亮 piàoliang）

5 A 你姓王吗？ B 我不姓王。

Nǐ xìng Wáng ma? Wǒ bú xìng Wáng.

（赵 Zhào　张 Zhāng　李 Lǐ　刘 Liú　田中 Tiánzhōng）

筆 記 ✏

3 次のピンインを漢字に直しましょう。

1 Nín guìxìng?

....

2 Qǐng duō guānzhào.

....

3 Nǐ chī dàngāo ma?

....

4 Zhèr de kāfēi hěn hǎohē.

....

5 Wǒ mǎi niúnǎi, nǐ ne?

....

4 （　）に適切なものを①～④の中から一つ選び、文を完成しましょう。

1 我（　　　）王洋。
　　　①很　　　②姓　　　③也　　　④叫

2 我吃巧克力（　　　）蛋糕。
　　　①好吃　　②和　　　③好喝　　④也

3 这儿的面包（　　　）贵。
　　　①不是　　②都是　　③很　　　④也是

4 那个大学很漂亮，这个大学（　　　）？
　　　①吧　　　②吗　　　③啊　　　④呢

5 我很困，你（　　　）很困吗？
　　　①也　　　②都　　　③不　　　④是

リスニング

5 発音を聞き、漢字を書きとりましょう。 🔊65

① ....

② ....

③ ....

④ ....

⑤ ....

6 質問を聞き、次の①〜④の中から適切な答えを一つ選びましょう。 🔊66

① ①我姓刘。　　②我叫王洋。　　③我不姓李。　　④他姓张。

② ①你不喝咖啡。　②我喝咖啡。　　③她喝红茶。　　④我吃面包。

③ ①他买红茶。　　②你买绿茶。　　③我不买牛奶。　④我买乌龙茶。

④ ①蛋糕很贵。　　②巧克力很便宜。　③红茶不便宜。　④面包很便宜。

⑤ ①很便宜。　　　②我买牛奶。　　③红茶很好喝。　④面包很贵。

2

第 3 課　你今年多大？

新出単語　Words and Phrases

会話　🔊67

□ 今年 jīnnián　今年	□ 多大 duōdà　いくつ、何歳
□ 岁 suì　歳	□ 生日 shēngrì　誕生日
□ 几 jǐ　いくつ	□ 月 yuè　～月
□ 号 hào　～日	□ 年级 niánjí　～年生
□ 今天 jīntiān　今日	□ 星期几 xīngqī jǐ　何曜日
□ 星期一 xīngqīyī　月曜日	□ 有 yǒu　ある、いる
□ 节 jié　（授業を数える）コマ	□ 课 kè　授業
□ 两 liǎng　二、二つ	□ 点 diǎn　～時
□ 上课 shàng//kè　授業にでる、授業が始まる	

文法ポイント　🔊68

□ 个 ge　（広く個体を数える）個	□ 杯 bēi　（カップの液体を数える）杯
□ 台 tái　（機械などを数える）台	□ 电脑 diànnǎo　パソコン
□ 本 běn　（書物を数える）冊	□ 学校 xuéxiào　学校
□ 放假 fàng//jià　休みになる	□ 晚上 wǎnshang　夜
□ 睡觉 shuì//jiào　眠る	□ 什么时候 shénme shíhou　いつ
□ 去 qù　行く	□ 星期天 xīngqītiān　日曜日
□ 星期三 xīngqīsān　水曜日	□ 妹妹 mèimei　妹
□ 兄弟姐妹 xiōngdì jiěmèi　兄弟姉妹	□ 独生子 dúshēngzǐ　一人っ子
□ 星期四 xīngqīsì　木曜日	□ 年纪 niánjì　年齢
□ 岁数 suìshu　年齢	□ 电话 diànhuà　電話
□ 号码 hàomǎ　番号	□ 多少 duōshao　どれくらい、いくら
□ 谁 shéi　誰	□ 什么 shénme　何

十八岁

会話 1 🔊 69

Ⓐ 你 今年 多大？
　　Nǐ jīnnián duōdà?

Ⓑ 我 十八 岁。
　　Wǒ shíbā suì.

Ⓐ 你 的 生日 几 月 几 号？
　　Nǐ de shēngrì jǐ yuè jǐ hào?

Ⓑ 十月 二十二 号。
　　Shíyuè èrshi'èr hào.

Ⓐ 你 几 年级？
　　Nǐ jǐ niánjí?

Ⓑ 我 一 年级。
　　Wǒ yī niánjí.

会話 2 🔊 70

Ⓐ 今天 星期 几？
　　Jīntiān xīngqī jǐ?

Ⓑ 今天 星期一。
　　Jīntiān xīngqīyī.

Ⓐ 你 今天 有 几 节 汉语 课？
　　Nǐ jīntiān yǒu jǐ jié Hànyǔ kè?

Ⓑ 有 两 节 汉语 课。
　　Yǒu liǎng jié Hànyǔ kè.

Ⓐ 汉语 课 几 点 上课？
　　Hànyǔ kè jǐ diǎn shàngkè?

Ⓑ 九 点 上课。
　　Jiǔ diǎn shàngkè.

文法ポイント

POINT 1　数詞　🔊71

○（零）	一	二	三	四	五	六	七	八	九	十
líng	yī	èr	sān	sì	wǔ	liù	qī	bā	jiǔ	shí

十一	十二	十三	十四	十五	十六	十七	十八	十九	二十
shíyī	shí'èr	shísān	shísì	shíwǔ	shíliù	shíqī	shíbā	shíjiǔ	èrshí

二十一	二十二…	三十…	四十…	九十九
èrshiyī	èrshi'èr	sānshí	sìshí	jiǔshijiǔ

POINT 2　量詞　🔊72

数詞＋量詞＋名詞

一个人	两杯红茶	三节课
yí ge rén	liǎng bēi hóngchá	sān jié kè

这个人	这台电脑	那四本词典
zhège rén	zhè tái diànnǎo	nà sì běn cídiǎn

POINT 3　時点を表す語　🔊73

（〜年）	1999 年			2023 年		哪年
	yī jiǔ jiǔ jiǔ nián			èr líng èr sān nián		nǎ nián

（〜月）	一月	二月	三月	…	十二月	几月
	yīyuè	èryuè	sānyuè		shí'èryuè	jǐ yuè

（〜日）	一号	二号	三号	…	三十一号	几号
	yī hào	èr hào	sān hào		sānshíyī hào	jǐ hào

（〜曜日）	星期一	星期二	星期三	星期四	星期五	星期六	星期天／日	星期几
	xīngqīyī	xīngqī'èr	xīngqīsān	xīngqīsì	xīngqīwǔ	xīngqīliù	xīngqītiān／rì	xīngqī jǐ

（〜時）	一点	两点	三点	…	十二点	几点
	yī diǎn	liǎng diǎn	sān diǎn		shí'èr diǎn	jǐ diǎn

（〜分）	一分	二／两分	十分	十五分（一刻）	三十分（半）
	yī fēn	èr／liǎng fēn	shí fēn	shíwǔ fēn(yíkè)	sānshí fēn(bàn)

四十五分（三刻）　　差五分十点　　　　　　　　几分
sìshiwǔ fēn(sānkè)　chà wǔ fēn shí diǎn　　　jǐ fēn

👉 p.43「時点を表す語（その他）」参照

主語＋時点＋動詞句

我们学校七月三十一号放假。
Wǒmen xuéxiào qīyuè sānshiyī hào fàngjià.

我晚上十一点睡觉。
Wǒ wǎnshang shíyī diǎn shuìjiào.

你什么时候去中国？ —— 我星期天去中国。
Nǐ shénme shíhou qù Zhōngguó?　Wǒ xīngqītiān qù Zhōngguó.

POINT 4 名詞述語文 🔊 74

　　述語が年齢、年月日、時刻、出身地などを表す語であるときは"是"を省略することが多い。ただし、否定は"不是"を用いる。

我（是）十八岁。　　　　今天星期三。
Wǒ (shì) shíbā suì.　　　Jīntiān xīngqīsān.

我的生日十二月二十四号。
Wǒ de shēngrì shí'èryuè èrshisì hào.

我不是二年级，是一年级。
Wǒ bú shì èr niánjí, shì yī niánjí.

POINT 5 "有"の文 🔊 75

主語（人）＋有＋目的語（存在物）（…は～を持っている、～がある・いる）
場所＋有＋目的語（存在物）（…に～がある・いる）

我有妹妹。　　　　这儿有汉语词典。
Wǒ yǒu mèimei.　　Zhèr yǒu Hànyǔ cídiǎn.

我没有妹妹。　　　这儿没有汉语词典。
Wǒ méiyǒu mèimei.　Zhèr méiyǒu Hànyǔ cídiǎn.

你有妹妹吗？
Nǐ yǒu mèimei ma?

这儿有汉语词典吗？
Zhèr yǒu Hànyǔ cídiǎn ma?

你有兄弟姐妹吗？ —— 我有一个妹妹。
Nǐ yǒu xiōngdì jiěmèi ma?   Wǒ yǒu yí ge mèimei.

我没有兄弟姐妹，我是独生子。
Wǒ méiyǒu xiōngdì jiěmèi, wǒ shì dúshēngzǐ.

我星期四有三节课。
Wǒ xīngqīsì yǒu sān jié kè.

<table>
<tr><td>POINT
6</td><td>疑問詞疑問文</td><td>◀))76</td></tr>
</table>

"几，多大，多少，什么，谁，"など疑問詞を用いる疑問文を疑問詞疑問文という。平叙文と語順は同じである。

(10 歳未満の子供に)　你几岁？　　　 —— 我七岁。
　　　　　　　　　　 Nǐ jǐ suì?　　　　　 Wǒ qī suì.

(若者や目下の人に)　你多大？　　　 —— 我二十岁。
　　　　　　　　　　 Nǐ duōdà?　　　　　 Wǒ èrshí suì.

(目上の人や年齢の高い人に)您多大年纪 / 岁数？ —— 我八十岁。
　　　　　　　　　　 Nín duōdà niánjì / suìshu?　 Wǒ bāshí suì.

今天几月几号？　　 —— 今天五月二十四号。
Jīntiān jǐ yuè jǐ hào?　　 Jīntiān wǔyuè èrshisì hào.

你的电话号码是多少？—— ○三 - 四五六七 - 八九一二。
Nǐ de diànhuà hàomǎ shì duōshao?　 Líng sān sì wǔ liù qī bā jiǔ yāo èr.

(電話番号・部屋番号のとき、一は "yāo" と発音する。)

她是谁？　　　　　 —— 她是我妹妹。
Tā shì shéi?　　　　　 Tā shì wǒ mèimei.

你喝什么？　　　　 —— 我喝咖啡。
Nǐ hē shénme?　　　　 Wǒ hē kāfēi.

練習 Practice

補充単語 🔊77

- □ 爸爸 bàba　お父さん、父
- □ 写 xiě　書く
- □ 打 dǎ　する
- □ 打工 dǎ//gōng　アルバイトをする
- □ 起床 qǐ//chuáng　起きる
- □ 上学 shàng//xué　登校する、学校へ行く
- □ 晚饭 wǎnfàn　夕食
- □ 姐姐 jiějie　姉
- □ 社团活动 shètuán huódòng　サークル活動

- □ 学习 xuéxí　勉強する
- □ 作业 zuòyè　宿題
- □ 游戏 yóuxì　ゲーム
- □ 散步 sàn//bù　散歩する
- □ 早饭 zǎofàn　朝食
- □ 放学 fàng//xué　授業が終わる、学校が引ける
- □ 哥哥 gēge　兄
- □ 弟弟 dìdi　弟

会話練習

1 （　）の単語を下線部の単語に入れ替え、ペアで練習しましょう。　🔊78

❶ A 你爸爸今年多大岁数 / 年纪？　B 他今年五十岁。
Nǐ bàba jīnnián duōdà suìshu / niánjì?　Tā jīnnián wǔshí suì.

（四十六 sìshiliù　四十九 sìshijiǔ　五十一 wǔshiyī　五十二 wǔshi'èr）

❷ A 你的电话号码是多少？　B 我的电话号码是 080-1234-5678。
Nǐ de diànhuà hàomǎ shì duōshao?　Wǒ de diànhuà hàomǎ shì líng bā líng yāo èr sān
sì wǔ liù qī bā.

（090-2345-6789　líng jiǔ líng èr sān sì wǔ liù qī bā jiǔ　03-9876-5432　líng sān jiǔ bā qī liù wǔ sì sān èr）

❸ A 你的生日（是）几月几号？　B 我的生日（是）五月一号。
Nǐ de shēngrì (shì) jǐ yuè jǐ hào?　Wǒ de shēngrì (shì) wǔyuè yī hào.

（八月三十一号 bāyuè sānshiyī hào　九月三十号 jiǔyuè sānshí hào
十月一号 shíyuè yī hào　十二月六号 shí'èryuè liù hào）

❹ A 你什么时候去中国？　B 我星期天去中国。
Nǐ shénme shíhou qù Zhōngguó?　Wǒ xīngqītiān qù Zhōngguó.

（放假 fàngjià　学习英语 xuéxí Yīngyǔ　写作业 xiě zuòyè　打游戏 dǎ yóuxì
打工 dǎgōng　散步 sànbù）

❺ A 你几点起床？　B 我七点起床。
Nǐ jǐ diǎn qǐchuáng?　Wǒ qī diǎn qǐchuáng.

（七点半 qī diǎn bàn / 吃早饭 chī zǎofàn　九点 jiǔ diǎn / 上学 shàngxué　五点 wǔ diǎn /
放学 fàngxué　七点 qī diǎn / 吃晚饭 chī wǎnfàn　一点 yī diǎn / 睡觉 shuìjiào）

⑥ A 你有兄弟姐妹吗？　　　B 我有（/ 没有）兄弟姐妹。
　　 Nǐ yǒu xiōngdì jiěmèi ma?　　　　Wǒ yǒu (/ méiyǒu) xiōngdì jiěmèi.

（哥哥 gēge　姐姐 jiějie　弟弟 dìdi　妹妹 mèimei　社团活动 shètuán huódòng）

2 ペアで問答練習をしましょう。

❶ 你今年多大？

❷ 你几年级？

❸ 今天几月几号？　星期几？

❹ 你有兄弟姐妹吗？

❺ 今天你有几节课？

❻ 你星期几有社团活动？

筆 記 🖊

3 次のピンインを漢字に直しましょう。

❶ Jīntiān bú shì xīngqītiān.

❷ Xīngqīyī nǐ yǒu Hànyǔ kè ma?

❸ Wǒ qī diǎn chī zǎofàn.

❹ Wǒ méiyǒu xiōngdì jiěmèi.

❺ Wǒmen xuéxiào bāyuè fàngjià.

4 （　　）に適切なものを①〜④の中から一つ選び、文を完成しましょう。

❶ 你的电话号码是（　　　）？
　　①多大　　②几个　　③几节　　④多少

❷ 我哥哥二十一岁，你哥哥（　　　）？
　　①多大岁数　②多大年纪　③多大　　④几岁

❸ 今天星期（　　　）？
　　①多少　　②什么　　③几　　　④多大

❹ 我买一（　　　）咖啡。
　　①杯　　　②个　　　③本　　　④节

⑤ 这（　　　）书不是我的。
　　①节　　　②本　　　③个　　　④台

リスニング 🎧 ///

5 発音を聞き、漢字を書きとりましょう。　　🔊79

❶ ....

❷ ....

❸ ....

❹ ....

❺ ....

6 質問を聞き、次の①〜④の中から適切な答えを一つ選びましょう。　　🔊80

❶ ①八月。　　　②一年级。　　　③十八号。　　　④十八岁。

❷ ①七点。　　　②七年。　　　③七月。　　　④七个。

❸ ①六月。　　　②六点一刻。　　　③星期六。　　　④六号。

❹ ①我有。　　　②她没有。　　　③是。　　　　④她有。

❺ ①没有。　　　②一点。　　　③星期一。　　　④一号。

◆時点を表す語（その他）　🔊81						
前年 qiánnián	去年 qùnián	今年 jīnnián	明年 míngnián	后年 hòunián		
春天 chūntiān	夏天 xiàtiān	秋天 qiūtiān	冬天 dōngtiān			
前天 qiántiān	昨天 zuótiān	今天 jīntiān	明天 míngtiān	后天 hòutiān	每天 měitiān	
早上 zǎoshang	上午 shàngwǔ	中午 zhōngwǔ	下午 xiàwǔ	傍晚 bàngwǎn	晚上 wǎnshang	夜里 yèli
什么时候 shénme shíhou						

第 **4** 課

明天你在不在家？

新出単語 Words and Phrases

会話 ◀)) 82

☐ 明天 míngtiān 明日	☐ 在 zài ある、いる
☐ 家 jiā 家	☐ 便利店 biànlìdiàn コンビニ
☐ 东京 Dōngjīng 東京	☐ 多 duō 多い
☐ 特别 tèbié 特に	☐ 怎么 zěnme どう、どのように
☐ 坐 zuò 座る、（乗り物に）乗る	☐ 电车 diànchē 電車
☐ 教 jiāo 教える	☐ 怎么样 zěnmeyàng どうか、いかがか
☐ 难 nán 難しい	☐ 有点儿 yǒudiǎnr 少し
☐ 不过 búguò ただ、でも	☐ 有意思 yǒu yìsi おもしろい
☐ 教室 jiàoshì 教室	☐ 哪儿 nǎr どこ
☐ 图书馆 túshūguǎn 図書館	☐ 后边儿 hòubianr 後ろ、後方

文法ポイント ◀)) 83

☐ 前边儿 qiánbianr 前方	☐ 家 jiā （店などを数える）軒
☐ 书店 shūdiàn 本屋	☐ 桌子 zhuōzi 机
☐ 上 shang （名詞＋上）〜の上	☐ 里边儿 lǐbianr 中、内部
☐ 书包 shūbāo かばん	☐ 里 li （名詞＋里）〜の中
☐ 天气 tiānqì 天気、気候	☐ 好 hǎo よい
☐ 发音 fāyīn 発音	☐ 来 lái 来る
☐ 骑 qí （またがって）乗る	☐ 自行车 zìxíngchē 自転車
☐ 地铁 dìtiě 地下鉄	☐ 给 gěi 与える
☐ 告诉 gàosu 告げる、教える	☐ 件 jiàn （衣類や事柄を数える）着、件
☐ 事 shì 事、用事	☐ 下午 xiàwǔ 午後

会話　Conversation

会話 1　🔊84

Ⓐ 明天　你　在　不　在　家？
Míngtiān nǐ zài bu zài jiā?

Ⓑ 我　不　在　家。我　去　便利店　打工。
Wǒ bú zài jiā. Wǒ qù biànlìdiàn dǎgōng.

Ⓐ 东京　便利店　多　吗？
Dōngjīng biànlìdiàn duō ma?

Ⓑ 特别　多。
Tèbié duō.

Ⓐ 明天　你　怎么　去　便利店？
Míngtiān nǐ zěnme qù biànlìdiàn?

Ⓑ 我　坐　电车　去。
Wǒ zuò diànchē qù.

会話 2　🔊85

Ⓐ 谁　教　你　汉语？
Shéi jiāo nǐ Hànyǔ?

Ⓑ 王　老师。
Wáng lǎoshī.

Ⓐ 汉语　怎么样？　难　不　难？
Hànyǔ zěnmeyàng? Nán bu nán?

Ⓑ 有点儿　难。　不过，很　有意思。
Yǒudiǎnr nán. Búguò, hěn yǒu yìsi.

Ⓐ 汉语　教室　在　哪儿？
Hànyǔ jiàoshì zài nǎr?

Ⓑ 在　图书馆　后边儿。
Zài túshūguǎn hòubianr.

文法ポイント

方位詞

◀)) 86

「上、下、中、外」などの空間を表す語を方位詞という。

上（上） shàng	下（下） xià	里（中） lǐ	外（外） wài	前（前） qián	后（後ろ） hòu
左（左） zuǒ	右（右） yòu	东（東） dōng	南（南） nán	西（西） xī	北（北） běi

但し、単音節の方位詞は普通、単独で使うことはできず、"边（儿）""面（儿）"などを付けた形で用いる。

上 下 里 外 前 后 左 右 东 南 西 北 ＋ 边 bian(儿) / 面 miàn(儿)

他に、"对面（儿）duìmiàn(r)（向かい）""旁边（儿）pángbiān(r)（そば）""中间 zhōngjiān（中間）""这边儿 zhèbianr（こちら）""那边儿 nàbianr（あちら）""哪边儿 nǎbianr（どちら）"などもある。

二音節の方位詞は、"我家（的）旁边儿 wǒ jiā (de) pángbiānr（家のそば）""图书馆里边儿 túshūguǎn lǐbianr（図書館の中）"など名詞と結び付けて用いるほか、単独で主語や目的語に用いることもできる。

場所＋"有"＋存在物

学校（的）前边儿有一家书店。
Xuéxiào (de) qiánbianr yǒu yì jiā shūdiàn.

桌子上有一本词典。
Zhuōzishang yǒu yì běn cídiǎn.

里边儿有人吗？
Lǐbianr yǒu rén ma?

POINT 2 "在"の文

🔊 87

主語＋"在"＋場所（〜は〜にある / いる）

今天我在家。
Jīntiān wǒ zài jiā.

你的词典在那儿。
Nǐ de cídiǎn zài nàr.

我爸爸不在家。
Wǒ bàba bú zài jiā.

我的课本不在书包里。
Wǒ de kèběn bú zài shūbāoli.

你哥哥在家吗？
Nǐ gēge zài jiā ma?

她在哪儿？
Tā zài nǎr?

　"桌子""书包"のような名詞は、"上、里"を加えることで、文中で場所を表す言葉として用いることができる。

POINT 3 主述述語文

🔊 88

　述語部分が「主語＋述語」で構成される文を主述述語文という。

今天天气不好。
Jīntiān tiānqì bù hǎo.

我们学校留学生很多。
Wǒmen xuéxiào liúxuéshēng hěn duō.

汉语发音难吗？
Hànyǔ fāyīn nán ma?

汉语发音怎么样？
Hànyǔ fāyīn zěnmeyàng?

POINT 4 連動文

🔊 89

主語＋動詞1（＋目的語1）＋動詞2（＋目的語2）

1）「〜しに行く、〜しに来る」など目的を表す。場所目的語がある場合は、動詞1と動詞2の間に置く。

我去打工。
Wǒ qù dǎgōng.

她来学习汉语。
Tā lái xuéxí Hànyǔ.

我去便利店打工。
Wǒ qù biànlìdiàn dǎgōng.

她来中国学习汉语。
Tā lái Zhōngguó xuéxí Hànyǔ.

2）「〜に乗っていく」など手段を表す。

我坐电车去。
Wǒ zuò diànchē qù.

他骑自行车来学校。
Tā qí zìxíngchē lái xuéxiào.

　　手段を訪ねる疑問詞は"怎么"を用いる。

你怎么去学校？ ── 我坐地铁去学校。
Nǐ zěnme qù xuéxiào?　　　Wǒ zuò dìtiě qù xuéxiào.

POINT 5　二重目的語　　　🔊90

主語＋動詞＋間接目的語＋直接目的語（（人）に…を〜する）

李老师教我们汉语。
Lǐ lǎoshī jiāo wǒmen Hànyǔ.

我给你一本书。
Wǒ gěi nǐ yì běn shū.

我告诉你一件事。
Wǒ gàosu nǐ yí jiàn shì.

POINT 6　反復疑問文　　　🔊91

　　述語を「肯定形＋否定形」の順に並べると、"吗"の疑問文とほぼ同じ意味の疑問文になる。

你是不是北京大学的学生？
Nǐ shì bu shì Běijīng Dàxué de xuésheng?

下午你忙不忙？
Xiàwǔ nǐ máng bu máng?

你姐姐在不在家？
Nǐ jiějie zài bu zài jiā?

補充単語 🔊92

☐ 食堂 shítáng 食堂	☐ 咖啡厅 kāfēitīng カフェ
☐ 商店 shāngdiàn 店、商店	☐ 商场 shāngchǎng 商業施設、デパート
☐ 报纸 bàozhǐ 新聞	☐ 钱包 qiánbāo さいふ
☐ 铅笔 qiānbǐ 鉛筆	☐ 笔盒 bǐhé 筆箱
☐ 橡皮 xiàngpí 消しゴム	☐ 圆珠笔 yuánzhūbǐ ボールペン
☐ 旁边儿 pángbiānr そば	☐ 左边儿 zuǒbiānr 左側、左の方
☐ 右边儿 yòubiānr 右側、右の方	☐ 冬天 dōngtiān 冬
☐ 夏天 xiàtiān 夏	☐ 春天 chūntiān 春
☐ 暖和 nuǎnhuo 暖かい	☐ 秋天 qiūtiān 秋
☐ 凉快 liángkuai 涼しい	☐ 回 huí 帰る
☐ 公交车 gōngjiāochē バス	☐ 新干线 xīngànxiàn 新幹線
☐ 飞机 fēijī 飛行機	☐ 船 chuán 船
☐ 做 zuò する、つくる	☐ 旅游 lǚyóu 旅行する
☐ 盒饭 héfàn お弁当	☐ 饭团 fàntuán おにぎり
☐ 方便面 fāngbiànmiàn インスタントラーメン	

会話練習

1 （ ）の中の単語を下線部の単語に入れ替え、ペアで練習しましょう。 🔊93

❶ A 你在哪儿？
Nǐ zài nǎr?
B 我在教室。
Wǒ zài jiàoshì.

（食堂 shítáng 咖啡厅 kāfēitīng 书店 shūdiàn 商店 shāngdiàn 商场 shāngchǎng）

❷ A 报纸在哪儿？
Bàozhǐ zài nǎr?
B 报纸在桌子上。
Bàozhǐ zài zhuōzishang.

（钱包 qiánbāo 铅笔 qiānbǐ 笔盒 bǐhé 橡皮 xiàngpí 圆珠笔 yuánzhūbǐ）

❸ A 食堂在哪儿？
Shítáng zài nǎr?
B 食堂在图书馆旁边儿。
Shítáng zài túshūguǎn pángbiānr.

（前边儿 qiánbianr 后边儿 hòubianr 左边儿 zuǒbianr 右边儿 yòubianr）

❹ A 东京冬天冷吗？
Dōngjīng dōngtiān lěng ma?
B 东京冬天很冷。
Dōngjīng dōngtiān hěn lěng.

（夏天 xiàtiān / 热 rè 春天 chūntiān / 暖和 nuǎnhuo 秋天 qiūtiān / 凉快 liángkuai）

5 A　你怎么回家？　　　　　B　我<u>坐电车</u>回家。
　　　Nǐ zěnme huíjiā?　　　　　　Wǒ zuò diànchē huíjiā.

　（骑自行车　qí zìxíngchē　坐地铁　zuò dìtiě　坐公交车　zuò gōngjiāochē

　　坐新干线　zuò xīngànxiàn　坐飞机　zuò fēijī　坐船　zuò chuán）

6 A　你去做什么？　　　　　B　我去<u>打工</u>。
　　　Nǐ qù zuò shénme?　　　　　Wǒ qù dǎgōng.

　（旅游　lǚyóu　买盒饭　mǎi héfàn　写作业　xiě zuòyè　散步　sànbù　打游戏　dǎ yóuxì）

7 A　便利店里有什么？　　　B　便利店里有<u>面包</u>。
　　　Biànlìdiànli yǒu shénme?　　　Biànlìdiànli yǒu miànbāo.

　（三明治　sānmíngzhì　咖啡　kāfēi　盒饭　héfàn　饭团　fàntuán　方便面　fāngbiànmiàn）

2 ペアで問答練習をしましょう。

1 汉语教室在哪儿？

2 东京公交车多吗？

3 你们学校留学生多不多？

4 你怎么来学校？

5 桌子上有什么？

筆　記　✎

3 次のピンインを漢字に直しましょう。

1 Míngtiān nǐ zài bu zài dàxué?　　　..

2 Wǒ bú zài shítáng.　　　　　　　..

3 Dōngjīng kāfēitīng hěn duō.　　　..

4 Biànlìdiànli yǒu fàntuán hé héfàn.　..

5 Wǒ qù shūdiàn dǎgōng.　　　　　..

4 （　　　）に適切なものを①～④の中から一つ選び、文を完成しましょう。

1 我今天不（　　　）学校。
　　①在　　　　②是　　　　③有　　　　④的

2 商店旁边儿（　　　）一家书店。
　　①的　　　　②有　　　　③在　　　　④也

3 你（　　　）去书店？
　　①呢　　　　②哪儿　　　③怎么　　　④什么

4 里边儿有（　　　）有盒饭？
　　①在　　　　②不　　　　③的　　　　④没

5 你去（　　　）买饭团？
　　①怎么　　　②什么　　　③哪儿　　　④多大

リスニング

5 発音を聞き、漢字を書きとりましょう。　　　　　🔊94

1　...

2　...

3　...

4　...

5　...

6 質問を聞き、次の①～④の中から適切な答えを一つ選びましょう。　　🔊95

1 ①没有三明治。　　②吃饭。　　　　③买饭团。　　　④没有饭团。

2 ①不在笔盒里。　　②在桌子上。　　③在教室里。　　④有铅笔。

3 ①夏天很热。　　　②冬天很冷。　　③春天很暖和。　④秋天很凉快。

4 ①有铅笔。　　　　②没有圆珠笔。　③橡皮在这儿。　④在笔盒里。

5 ①去咖啡厅喝。　　②在商店。　　　③去便利店。　　④商场里没有。

Lesson 5

第 **5** 課

你的衣服多少钱？

新出単語　Words and Phrases

会話　🔊96

- □ 衣服 yīfu　服
- □ 日元 Rìyuán　日本円
- □ 人民币 Rénmínbì　人民元
- □ 真 zhēn　本当に
- □ 那 nà　それなら
- □ 一起 yìqǐ　一緒に
- □ 远 yuǎn　遠い
- □ 从…到 cóng…dào　～から～まで
- □ 分钟 fēnzhōng　～分間
- □ 喜欢 xǐhuan　好きである
- □ 寿司 shòusī　寿司
- □ 在 zài　～で

- □ 钱 qián　お金
- □ 折合 zhéhé　換算する
- □ 块 kuài　元（貨幣単位）
- □ 想 xiǎng　～したい
- □ 跟 gēn　～と
- □ 离 lí　～から、～まで
- □ 不太 bútài　あまり～ではない
- □ 要 yào　要する、かかる
- □ 左右 zuǒyòu　～ぐらい
- □ 日本料理 Rìběn liàolǐ　日本料理
- □ 太…了 tài…le　とても～だ
- □ 附近 fùjìn　付近、近所

文法ポイント　🔊97

- □ 毛 máo　角（貨幣単位）
- □ 分 fēn　分（貨幣単位）
- □ 每天 měitiān　毎日
- □ 多长时间 duōcháng shíjiān　どれくらいの時間

- □ 零 líng　零
- □ 打算 dǎsuan　～するつもりだ
- □ 小时 xiǎoshí　～時間
- □ 年 nián　～年間

会話 🔊98

Ⓐ 你 的 衣服 多少 钱？
Nǐ de yīfu duōshao qián?

Ⓑ 三千 日元，折合 人民币 一百 八十 块。
Sānqiān Rìyuán, zhéhé Rénmínbì yìbǎi bāshí kuài.

Ⓐ 真 漂亮！我 也 想 买 一 件。
Zhēn piàoliang! Wǒ yě xiǎng mǎi yí jiàn.

Ⓑ 那，明天 我 跟 你 一起 去 买 吧。
Nà, míngtiān wǒ gēn nǐ yìqǐ qù mǎi ba.

Ⓐ 好 啊。那 家 商店 离 这儿 远 吗？
Hǎo a. Nà jiā shāngdiàn lí zhèr yuǎn ma?

Ⓑ 不太 远。从 这儿 到 那 家 商店 要 二十 分钟 左右。
Bútài yuǎn. Cóng zhèr dào nà jiā shāngdiàn yào èrshí fēnzhōng zuǒyòu.

会話 2 🔊99

Ⓐ 你 喜欢 日本 的 什么？
Nǐ xǐhuan Rìběn de shénme?

Ⓑ 我 喜欢 日本 料理。
Wǒ xǐhuan Rìběn liàolǐ.

Ⓐ 那，我们 明天 去 吃 寿司 吧。
Nà, wǒmen míngtiān qù chī shòusī ba.

Ⓑ 太 好 了。
Tài hǎo le.

Ⓐ 我们 在 附近 的 寿司 店 吃，怎么样？
Wǒmen zài fùjìn de shòusī diàn chī, zěnmeyàng?

Ⓑ 好 啊。我 特别 喜欢 吃 寿司。
Hǎo a. Wǒ tèbié xǐhuan chī shòusī.

文法ポイント

POINT 1 百以上の数

🔊))100

100	一百	1000	一千	10000	一万	一亿
	yìbǎi		yìqiān		yíwàn	yíyì

109	一百零九	yìbǎi líng jiǔ	190	一百九（十）	yìbǎi jiǔ(shí)
1009	一千零九	yìqiān líng jiǔ	1090	一千零九十	yìqiān líng jiǔshí
22000	两万二	liǎngwàn èr	20020	两万零二十	liǎngwàn líng èrshí
	两万两千	liǎng wàn liǎng qiān			

＊数字０、１、２の読み方に注意が必要である。

POINT 2 お金の言い方

🔊))101

中国の貨幣"人民币 Rénmínbì"の単位は"元、角、分"であるが、話し言葉では"块、毛、分"が常用される。

書き言葉	元 yuán	角 jiǎo	分 fēn
話し言葉	块 kuài	毛 máo	分 fēn

一元 = 10 角　一角 = 10 分

两块二 / 两块两毛	liǎng kuài èr / liǎng kuài liǎng máo	2.20 元
三十六块零四分	sānshíliù kuài líng sì fēn	36.04 元
一百五十块	yìbǎi wǔshí kuài	150 元
六百零五块七毛	liùbǎi líng wǔ kuài qī máo	605.7 元

5

POINT 3 "想" と "打算"

102

"想" ＋ V（～したい）

我想买一件衣服。
Wǒ xiǎng mǎi yí jiàn yīfu.

我不想吃汉堡。
Wǒ bù xiǎng chī hànbǎo.

你想吃什么？
Nǐ xiǎng chī shénme?

"打算" ＋ V（～するつもりだ）

明年我打算去美国留学。
Míngnián wǒ dǎsuan qù Měiguó liúxué.

今天我不打算买蛋糕。
Jīntiān wǒ bù dǎsuan mǎi dàngāo.

下午你打算做什么？
Xiàwǔ nǐ dǎsuan zuò shénme?

POINT 4 前置詞（1）（在、从、到、离、跟）

103

前置詞＋名詞＋動詞 / 形容詞

我在家学习汉语。
Wǒ zài jiā xuéxí Hànyǔ.

从我家到学校要四十分钟。
Cóng wǒ jiā dào xuéxiào yào sìshí fēnzhōng.

你家离学校远不远？
Nǐ jiā lí xuéxiào yuǎn bu yuǎn?

我想跟你一起吃饭。
Wǒ xiǎng gēn nǐ yìqǐ chīfàn.

POINT 5 　時間量を表す語

一年	両年	三年	半年	一年半	几年
yì nián	liǎng nián	sān nián	bàn nián	yì nián bàn	jǐ nián

一个月	两个月	三个月	半个月	一个半月	几个月
yí ge yuè	liǎng ge yuè	sān ge yuè	bàn ge yuè	yí ge bàn yuè	jǐ ge yuè

一个星期	两个星期				几个星期
yí ge xīngqī	liǎng ge xīngqī				jǐ ge xīngqī

一天	两天	半天			几天
yì tiān	liǎng tiān	bàn tiān			jǐ tiān

一个小时	两个小时	半个小时	一个半小时		几个小时
yí ge xiǎoshí	liǎng ge xiǎoshí	bàn ge xiǎoshí	yí ge bàn xiǎoshí		jǐ ge xiǎoshí

十五分钟（一刻钟）	四十五分钟（三刻钟）	几分钟	多少分钟
shíwǔ fēnzhōng (yí kè zhōng)	sìshiwǔ fēnzhōng (sān kè zhōng)	jǐ fēnzhōng	duōshao fēnzhōng

多长时间？
duōcháng shíjiān

主語＋動詞＋時間量（＋目的語）

你每天学习几个小时？　　　　　—— 我每天学习两个小时。
Nǐ měitiān xuéxí jǐ ge xiǎoshí?　　　　　Wǒ měitiān xuéxí liǎng ge xiǎoshí.

从你家到学校要多长时间？　　　　—— 要一个半小时。
Cóng nǐ jiā dào xuéxiào yào duōcháng shíjiān?　　Yào yí ge bàn xiǎoshí.

你学习了几年汉语？　　　　　　　—— 我学习了半年。
Nǐ xuéxí le jǐ nián Hànyǔ?　　　　　　　Wǒ xuéxí le bàn nián.

POINT 6 　動詞 "喜欢"

"喜欢"＋動詞句（〜するのが好きだ）"喜欢"＋名詞（〜が好きだ）

我喜欢吃巧克力。
Wǒ xǐhuan chī qiǎokèlì.

我不喜欢喝咖啡。
Wǒ bù xǐhuan hē kāfēi.

我们都喜欢你。
Wǒmen dōu xǐhuan nǐ.

練習 Practice

補充単語 ■))106

- □ 衬衫 chènshān　シャツ、ブラウス
- □ 裤子 kùzi　ズボン
- □ 裙子 qúnzi　スカート
- □ 鞋 xié　くつ
- □ 手机 shǒujī　携帯電話
- □ 美元 Měiyuán　米ドル
- □ 欧元 Ōuyuán　ユーロ
- □ 韩元 Hányuán　ウォン
- □ 麻婆豆腐 mápó dòufu　マーボ豆腐
- □ 中国菜 Zhōngguócài　中華料理
- □ 北京烤鸭 Běijīng kǎoyā　北京ダック
- □ 炒饭 chǎofàn　チャーハン
- □ 火锅 huǒguō　火鍋
- □ 面条 miàntiáo　麺
- □ 饺子 jiǎozi　餃子
- □ 青椒肉丝 qīngjiāo ròusī　チンジャオロース
- □ 拉面 lāmiàn　ラーメン
- □ 生鱼片 shēngyúpiàn　刺身
- □ 差不多 chàbuduō　だいたい、ほぼ
- □ 车站 chēzhàn　駅
- □ 近 jìn　近い
- □ 厕所 cèsuǒ　トイレ
- □ 洗手间 xǐshǒujiān　お手洗い
- □ 公园 gōngyuán　公園
- □ 超市 chāoshì　スーパー
- □ 邮局 yóujú　郵便局
- □ 饭店 fàndiàn　ホテル、レストラン
- □ 看 kàn　見る
- □ 电影 diànyǐng　映画
- □ 同学 tóngxué　クラスメート
- □ 住 zhù　住む、泊まる

会話練習

1 （　　）の中の単語を下線部の単語に入れ替え、ペアで練習しましょう。　■))107

❶ A 你的衬衫多少钱？
　Nǐ de chènshān duōshao qián?

　B 一百五十块钱（/ 一百五十元）。
　Yìbǎi wǔshí kuài qián (/ yìbǎi wǔshí yuán).

（裤子 kùzi　裙子 qúnzi　鞋 xié　手机 shǒujī　电脑 diànnǎo）

❷ A 这个多少钱？
　Zhège duōshao qián?

　B 一千五百日元。
　Yìqiān wǔbǎi Rìyuán.

（块 kuài　美元 Měiyuán　欧元 Ōuyuán　韩元 Hányuán）

❸ A 你想吃什么？
　Nǐ xiǎng chī shénme?

　B 我想吃麻婆豆腐。
　Wǒ xiǎng chī mápó dòufu.

（中国菜 Zhōngguócài　北京烤鸭 Běijīng kǎoyā　炒饭 chǎofàn　方便面 fāngbiànmiàn
　火锅 huǒguō）

❹ A 你喜欢吃面条吗？
　Nǐ xǐhuan chī miàntiáo ma?

　B 我喜欢吃（/ 我不喜欢吃）。
　Wǒ xǐhuan chī (/ Wǒ bù xǐhuan chī).

（饺子 jiǎozi　青椒肉丝 qīngjiāo ròusī　拉面 lāmiàn　生鱼片 shēngyúpiàn）

⑤ A 从你家到学校要多长时间？　　　B 差不多要一个半小时。
　　　Cóng nǐ jiā dào xuéxiào yào duōcháng shíjiān?　　Chàbuduō yào yí ge bàn xiǎoshí.

（两个小时　liǎng ge xiǎoshí　三十分钟　sānshí fēnzhōng　十五分钟　shíwǔ fēnzhōng
　四十五分钟　sìshiwǔ fēnzhōng）

⑥ A 这儿离车站远不远？　　　　B 不远，很近。
　　　Zhèr lí chēzhàn yuǎn bu yuǎn?　　Bù yuǎn, hěn jìn.

（厕所　cèsuǒ　洗手间　xǐshǒujiān　公园　gōngyuán　超市　chāoshì　邮局　yóujú）

⑦ A 你在哪儿打工？　　　　B 我在便利店打工。
　　　Nǐ zài nǎr dǎgōng?　　Wǒ zài biànlìdiàn dǎgōng.

（超市　chāoshì　邮局　yóujú　车站　chēzhàn　饭店　fàndiàn　咖啡厅　kāfēitīng）

⑧ A 你想跟谁一起去看电影？　　　B 我想跟朋友一起去看电影。
　　　Nǐ xiǎng gēn shéi yìqǐ qù kàn diànyǐng?　　Wǒ xiǎng gēn péngyou yìqǐ qù kàn diànyǐng.

（妈妈　māma　妹妹　mèimei　同学　tóngxué　田中　Tiánzhōng　王洋　Wáng Yáng）

2 ペアで問答練習をしましょう。

① 你的衣服多少钱？

② 你喜欢吃饺子吗？

③ 你家离学校远不远？

④ 你在哪儿住？

⑤ 从你家到车站要多长时间？

筆　記 ✏

3 次のピンインを漢字に直しましょう。

① Nǐ de xié duōshao qián?　　...

② Wǒ xiǎng chī Zhōngguócài.　　...

③ Wǒ bù xǐhuan chī fāngbiànmiàn.　　...

④ Nǐ dǎsuan mǎi shénme?　　...

⑤ Cóng wǒ jiā dào chēzhàn yào shí fēnzhōng.　　...

4 （　　　）に適切なものを①～④の中から一つ選び、文を完成しましょう。

❶ 这儿（　　　）东京远吗？
　　①从　　　　②和　　　　③在　　　　④离

❷ （　　　）东京到北京要三个小时。
　　①在　　　　②跟　　　　③从　　　　④离

❸ 我（　　　）你一起去食堂吧。
　　①想　　　　②打算　　　③离　　　　④跟

❹ 我（　　　）教室学习汉语。
　　①在　　　　②从　　　　③想　　　　④和

❺ 我想吃面条（　　　）饺子。
　　①的　　　　②和　　　　③在　　　　④从

リスニング 🎧

5 発音を聞き、漢字を書きとりましょう。　　　　　　　　🔊108

❶ ....

❷ ....

❸ ....

❹ ....

❺ ....

6 質問を聞き、次の①～④の中から適切な答えを一つ選びましょう。　🔊109

❶ ①那个电影很好。　②中国电影。　　③我去看电影。　　④电影很有意思。

❷ ①不太高兴。　　　②坐电车去。　　③不远，很近。　　④学校很漂亮。

❸ ①不贵。　　　　　②很便宜。　　　③一百五十个。　　④一百五十元。

❹ ①一点半。　　　　②一个半小时。　③星期一。　　　　④离学校很近。

❺ ①我打算看电影。　②他打算去旅游。③我不打算去。　　④他想去中国。

第 6 課　你在干什么？

会話　🔊110

- □ 带 dài　携帯する、持つ
- □ 呢 ne　（動作・状態の継続を表す）
- □ 了 le　（動作の完了・状態の変化を表す）
- □ 照 zhào　（写真を）撮る
- □ 可以 kěyǐ　よろしい
- □ 谢谢 xièxie　ありがとう
- □ 快 kuài　早く、急いで
- □ 在 zài　～している
- □ 东西 dōngxi　物、商品
- □ 就要…了 jiùyào le　まもなく～だ
- □ 些 xiē　いくらか、いくつか
- □ 不错 búcuò　よい、すばらしい
- □ 比 bǐ　～に比べて、～より
- □ 多了 duō le　（形容詞＋"多了"で）ずっと…だ
- □ 食品 shípǐn　食品
- □ 以前 yǐqián　以前
- □ 着 zhe　（動作・状態の持続を表す）
- □ 忘 wàng　忘れる
- □ 用 yòng　～を用いて、～で
- □ 一下 yíxià　ちょっと（～する）
- □ 没问题 méi wèntí　構わない
- □ 快…了 kuài le　もうすぐ～だ
- □ 走 zǒu　行く、歩く
- □ 干 gàn　する、やる
- □ 下星期 xià xīngqī　来週
- □ 老家 lǎojiā　生家、故郷
- □ 礼物 lǐwù　プレゼント
- □ 种类 zhǒnglèi　種類
- □ 价钱 jiàqián　値段、価格
- □ 最近 zuìjìn　最近、近頃
- □ 好像 hǎoxiàng　どうも～のようだ

文法ポイント　🔊111

- □ 早上 zǎoshang　朝
- □ 还 hái　まだ、さらに
- □ 放 fàng　休みになる
- □ 国 guó　国
- □ 开 kāi　開ける、開く
- □ 大 dà　大きい
- □ 一点儿 yìdiǎnr　少し（"点儿"とも）
- □ 电视 diànshì　テレビ
- □ 正在 zhèngzài　ちょうど～している
- □ 等 děng　待つ
- □ 商量 shāngliang　相談する
- □ 昨天 zuótiān　昨日
- □ 下雨 xià yǔ　雨が降る
- □ 暑假 shǔjià　夏休み
- □ 窗户 chuānghu　窓
- □ 穿 chuān　着る、はく
- □ 小 xiǎo　小さい
- □ 一样 yíyàng　同じである
- □ 正 zhèng　～しているところだ
- □ 请 qǐng　～してください
- □ 问 wèn　問う、訪ねる

6

会話 1 🔊112

Ⓐ 你 带着 课本 呢 吗？
　Nǐ dàizhe kèběn ne ma?

Ⓑ 我 带着 呢。你 没 带 吗？
　Wǒ dàizhe ne. Nǐ méi dài ma?

Ⓐ 我 忘 了。我 用 手机 照 一下，可以 吗？
　Wǒ wàng le. Wǒ yòng shǒujī zhào yíxià, kěyǐ ma?

Ⓑ 没 问题。
　Méi wèntí.

Ⓐ 谢谢！
　Xièxie!

Ⓑ 快 上课 了，我们 快 走 吧。
　Kuài shàngkè le, wǒmen kuài zǒu ba.

会話 2 🔊113

Ⓐ 你 在 干 什么 呢？
　Nǐ zài gàn shénme ne?

Ⓑ 在 买 东西 呢。下 星期 我 就要 回 老家 了，
　Zài mǎi dōngxi ne. Xià xīngqī wǒ jiùyào huí lǎojiā le,

　想 买 些 礼物。
　xiǎng mǎi xiē lǐwù.

Ⓐ 东京 的 点心 不错，种类 也 很 多。
　Dōngjīng de diǎnxīn búcuò, zhǒnglèi yě hěn duō.

Ⓑ 种类 比 我 老家 的 多。不过，价钱 比 我 老家 的
　Zhǒnglèi bǐ wǒ lǎojiā de duō. Búguò, jiàqián bǐ wǒ lǎojiā de

　贵 多 了。
　guì duō le.

Ⓐ 最近，东京 中国 的 食品 好像 比 以前 多 了。
　Zuìjìn, Dōngjīng Zhōngguó de shípǐn hǎoxiàng bǐ yǐqián duō le.

Ⓑ 那，买 些 中国 的 食品 吧。我 老家 没有。
　Nà, mǎi xiē Zhōngguó de shípǐn ba. Wǒ lǎojiā méiyǒu.

文法ポイント

POINT 1　助詞 "了"　　🔊 114

1）動詞＋"了"（～した）　　動作・行為の完了や実現を表す。

我今天买了两本书。　　　　早上我喝了一杯牛奶。
Wǒ jīntiān mǎi le liǎng běn shū.　　Zǎoshang wǒ hē le yì bēi niúnǎi.

你吃了吗？／你吃了没有？　── 我吃了。
Nǐ chī le ma?　　　Nǐ chī le méiyǒu?　　　Wǒ chī le.

　　動詞＋"了"（＋目的語）～（…したら～する）

吃了饭看电影吧。
Chī le fàn kàn diànyǐng ba.

　　否定は "没（有）" を用い、"了" は取る。

我昨天没买书。　　　　　我还没吃早饭。
Wǒ zuótiān méi mǎi shū.　　Wǒ hái méi chī zǎofàn.

2）文末の "了"　　状態の変化や新しい事態の発生を表す。

我十九岁了。　　　　我饿了。
Wǒ shíjiǔ suì le.　　Wǒ è le.

他弟弟是大学生了。　　下雨了。
Tā dìdi shì dàxuéshēng le.　　Xià yǔ le.

3）"快（要）…了"，"就要…了"　　「もうすぐ～だ」の意味を表す。但し、"快要…了"
　　は時間詞とともに用いない。

快（要）放暑假了。　　我快要回中国了。
Kuài(yào) fàng shǔjià le.　　Wǒ kuàiyào huí Zhōngguó le.

他今年三月就要回国了。
Tā jīnnián sānyuè jiùyào huíguó le.

POINT 2 助詞 "着"

🔊 115

動詞＋"着"（～ている、～てある）　　動作・状態の持続を表す。

我带着一本词典。
Wǒ dàizhe yì běn cídiǎn.

窗户开着呢。
Chuānghu kāizhe ne.

那儿坐着很多人。
Nàr zuòzhe hěn duō rén.

她今天穿着漂亮的裙子。
Tā jīntiān chuānzhe piàoliang de qúnzi.

否定は"没（有）"を用いる。

窗户没开着。
Chuānghu méi kāizhe.

我没带（着）词典。
Wǒ méi dài(zhe) cídiǎn.

POINT 3 比較文

🔊 116

A＋"比"＋B＋形容詞（A は B より～だ）

我比你大。
Wǒ bǐ nǐ dà.

你比我小。
Nǐ bǐ wǒ xiǎo.

这个比那个便宜。
Zhège bǐ nàge piányi.

今天比昨天冷。
Jīntiān bǐ zuótiān lěng.

A＋"没有"＋B（那么）＋形容詞（A は B ほど～ない）

你没有我大。
Nǐ méiyǒu wǒ dà.

汉语没有英语难。
Hànyǔ méiyǒu Yīngyǔ nán.

这件衣服没有那件漂亮。
Zhè jiàn yīfu méiyǒu nàjiàn piàoliang.

比較の差を表す語は形容詞の後に置く。

我哥哥比我大两岁。
Wǒ gēge bǐ wǒ dà liǎng suì.

今天比昨天热一点儿。
Jīntiān bǐ zuótiān rè yìdiǎnr.

这个比那个贵多了。
Zhège bǐ nàge guì duō le.

A "跟" B + "一样" + 形容詞（A は B と同様に〜だ）

我跟你一样大。　　　你的跟我的一样漂亮。
Wǒ gēn nǐ yíyàng dà.　　Nǐ de gēn wǒ de yíyàng piàoliang.

POINT
4
現在進行の表現　　　　　　　　　　　　🔊 117

"在" + 動詞　　動作が進行中であることを表す。

我在吃饭。
Wǒ zài chīfàn.

你在干什么？
Nǐ zài gàn shénme?

我没（在）看电视。
Wǒ méi (zài) kàn diànshì.

　他に動詞の前に副詞 "正" "正在" を置くか、文末に語気助詞 "呢" を置くことによっても動作の進行を表すことができる。但し、否定形には "呢" を置くことはできない。

我正看电视（呢）。
Wǒ zhèng kàn diànshì (ne).

王老师正在上课（呢）。
Wáng lǎoshī zhèngzài shàngkè (ne).

POINT
5
"一下"　　　　　　　　　　　　　　　　🔊 118

動詞 + "一下"（+ 目的語）（ちょっと〜する、〜してみる）

请等一下。
Qǐng děng yíxià.

我想问一下老师。
Wǒ xiǎng wèn yíxià lǎoshī.

你跟他商量一下吧。
Nǐ gēn tā shāngliang yíxià ba.

練習 Practice

補充単語 🔊119

- □ 拿 ná　つかむ、持つ
- □ 戴 dài　身に着ける、（眼鏡を）かける
- □ 毛衣 máoyī　セーター
- □ 门 mén　ドア
- □ 站 zhàn　立つ
- □ 放 fàng　置く、入れる
- □ 矮 ǎi　（背が）低い
- □ 瘦 shòu　痩せている
- □ 刮风 guā fēng　風が吹く
- □ 结冰 jié//bīng　氷が張る

- □ 雨伞 yǔsǎn　雨傘
- □ 眼镜 yǎnjìng　眼鏡
- □ 关 guān　閉める
- □ 灯 dēng　明かり、電灯
- □ 躺 tǎng　横になる、寝そべる
- □ 高 gāo　（高さ・背が）高い
- □ 胖 pàng　太っている
- □ 下雪 xià xuě　雪が降る
- □ 打雷 dǎ//léi　雷が鳴る

会話練習

1 （　）の中の単語を下線部の単語に入れ替え、ペアで練習しましょう。　🔊120

❶
A　你带着课本呢吗？
　Nǐ dàizhe kèběn ne ma?
B　我带着呢（/ 我没带着）。
　Wǒ dàizhe ne (/ Wǒ méi dàizhe).

（拿 ná / 雨伞 yǔsǎn　戴 dài / 眼镜 yǎnjìng　穿 chuān / 毛衣 máoyī）

❷
A　窗户关着呢吗？
　Chuānghu guānzhe ne ma?
B　关着呢（/ 没关着）。
　Guānzhe ne (/ Méi guānzhe).

（门 mén / 开 kāi　灯 dēng / 开 kāi　老师 lǎoshī / 站 zhàn　他 tā / 躺 tǎng）

❸
A　桌子上放着什么？
　Zhuōzishang fàngzhe shémme?
B　桌子上放着笔盒。
　Zhuōzishang fàngzhe bǐhé.

（电脑 diànnǎo　铅笔 qiānbǐ　圆珠笔 yuánzhūbǐ　课本 kèběn　手机 shǒujī）

❹
A　你吃饭了吗？
　Nǐ chī fàn le ma?
B　我吃了（/ 我没吃）。
　Wǒ chī le (/ Wǒ méi chī).

（吃 chī / 早饭 zǎofàn　看 kàn / 电视 diànshì　买 mǎi / 衣服 yīfu　去 qù / 中国 Zhōngguó）

❺
A　你朋友比你大吗？
　Nǐ péngyou bǐ nǐ dà ma?
B　比我大（/ 没有我大）。
　Bǐ wǒ dà (/ Méiyǒu wǒ dà).

（高 gāo　矮 ǎi　小 xiǎo　胖 pàng　瘦 shòu）

6 A 你在买东西呢吗？ B 我在买东西呢。(/ 没在买东西)。
Nǐ zài mǎi dōngxi ne ma? Wǒ zài mǎi dōngxi ne (/ Méi zài mǎi dōngxi).

（上课 shàngkè　打游戏 dǎ yóuxì　打工 dǎgōng　学习汉语 xuéxí Hànyǔ　吃饭 chīfàn）

7 A 下雨了吗？ B 下雨了（/ 没下雨）。
Xià yǔ le ma? Xià yǔ le (/ Méi xià yǔ).

（下雪 xià xuě　刮风 guā fēng　打雷 dǎléi　结冰 jiébīng）

2 ペアで問答練習をしましょう。

1 快放暑假了，你打算干什么？

2 你的桌子上放着什么？

3 你买词典了吗？

4 你带着雨伞呢吗？

5 你爸爸比你高吗？

6 你在干什么呢？

筆　記

3 次のピンインを漢字に直しましょう。

1 Jiùyào fàng shǔjià le, wǒ dǎsuan dǎgōng.　..

2 Wǒ bàba bǐ wǒ māma dà liǎng suì.　..

3 Jīntiān guā fēng le.　..

4 Wǒ zuótiān mǎi le yí jiàn yīfu.　..

5 Tā méi zài shàngkè.　..

4 （　　）に適切なものを①～④の中から一つ選び、文を完成しましょう。

① 快下雨了，你带（　　　）雨伞呢吗？
①着　　　　②在　　　　③了　　　　④一下

② 昨天我坐电车去东京（　　　）。
①呢　　　　②了　　　　③一下　　　　④吧

③ 今天比昨天热（　　　）。
①的　　　　②着　　　　③一下　　　　④一点儿

④ 他（　　　）看电影呢。
①着　　　　②从　　　　③在　　　　④离

⑤ 我朋友（　　　）我一样高。
①在　　　　②跟　　　　③着　　　　④比

リスニング

5 発音を聞き、漢字を書きとりましょう。　　　　　🔊121

① ....

② ....

③ ....

④ ....

⑤ ....

6 質問を聞き、次の①～④の中から適切な答えを一つ選びましょう。　　🔊122

① ①没吃。　　　　②没买。　　　　③没来。　　　　④没去。

② ①没有我妈妈高。　②比我妈妈胖多了。　③大一岁。　　④没有我爸爸瘦。

③ ①在上学。　　　②在上课。　　　③在吃饭。　　　④在学习。

④ ①没关着。　　　②关窗户。　　　③灯没关着。　　④电视关着呢。

⑤ ①戴着眼镜。　　②没放着课本。　③拿着一本书。　④放着汉语课本。

第 **7** 課　我去过中国和韩国

新出単語　Words and Phrases

会話　🔊123

□ 过 guo　～したことがある	□ 哪国 nǎ guó　どこの国
□ 要 yào　～しなければならない	□ 外国 wàiguó　外国
□ 但是 dànshì　しかし	□ 对 duì　（対象）～に対して、～に
□ 文化 wénhuà　文化	□ 感兴趣 gǎn xìngqù　興味がある
□ 学 xué　学ぶ、習う	□ 开车 kāi//chē　車を運転する
□ 会 huì　（技術・技能）～できる	□ 去年 qùnián　昨年
□ 北海道 Běihǎidào　北海道	□ 所以 suǒyǐ　だから
□ 假期 jiàqī　休暇	□ 可以 kěyǐ　（可能・許可）～できる、～してよい
□ 吸烟 xī//yān　タバコを吸う	□ 能 néng　（能力・条件）～できる
□ 得 děi　～なければならない	□ 处 chù　所、場所
□ 一直 yìzhí　まっすぐに、ずっと	□ 往 wǎng　（方向）～に向かって、～へ
□ 前 qián　前	□ 到 dào　到着する
□ 号馆 hàoguǎn　～号館	□ 右 yòu　右
□ 拐 guǎi　曲がる	□ 就 jiù　すぐに、もう
□ 听说 tīngshuō　～だそうだ	□ 新 xīn　新しい、新たに
□ 建 jiàn　建てる	□ 真的 zhēnde　本当だ、本当に
□ 知道 zhīdao　知っている	

文法ポイント　🔊124

□ 次 cì　（一般的な回数）回、度	□ 游泳 yóu//yǒng　泳ぐ、水泳
□ 说 shuō　言う、話す	□ 网球 wǎngqiú　テニス
□ 滑雪 huá//xuě　スキーをする	□ 用 yòng　使う
□ 打开 dǎkāi　開ける	□ 行 xíng　よい、かまわない
□ 票 piào　切符	□ 不用 búyòng　～する必要がない
□ 上班 shàng//bān　出勤する	□ 家里 jiāli　家（の中）
□ 客人 kèren　お客さん	□ 历史 lìshǐ　歴史
□ 给 gěi　～に、～のために	□ 左 zuǒ　左
□ 向 xiàng　（方向・対象）～へ、～に	□ 问好 wèn//hǎo　よろしく言う
□ 运动 yùndòng　スポーツ	

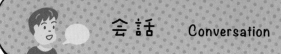

会話　Conversation

会話 1　🔊 125

Ⓐ 你　去过　哪　国？
Nǐ　qùguo　nǎ　guó?

Ⓑ 我　去过　中国　和　韩国。今年　暑假　我　要　去　新加坡。
Wǒ　qùguo　Zhōngguó　hé　Hánguó.　Jīnnián　shǔjià　wǒ　yào　qù　Xīnjiāpō.

Ⓐ 我　还　没　去过　外国。但是　我　对　外国　的　文化　很
Wǒ　hái　méi　qùguo　wàiguó.　Dànshì　wǒ　duì　wàiguó　de　wénhuà　hěn

感　兴趣。
gǎn　xìngqù.

Ⓑ 暑假　我　还　想　学　开车。你　会　开车　吗？
Shǔjià　wǒ　hái　xiǎng　xué　kāichē.　Nǐ　huì　kāichē　ma?

Ⓐ 我　会　开车。去年　我　开车　去　北海道　了。
Wǒ　huì　kāichē.　Qùnián　wǒ　kāichē　qù　Běihǎidào　le.

Ⓑ 我　还　不　会。所以，我　打算　假期　去　学。
Wǒ　hái　bú　huì.　Suǒyǐ,　wǒ　dǎsuan　jiàqī　qù　xué.

会話 2　🔊 126

Ⓐ 这儿　可以　吸烟　吗？
Zhèr　kěyǐ　xīyān　ma?

Ⓑ 这儿　不　能　吸烟。你　得　去　吸烟　处。
Zhèr　bù　néng　xīyān.　Nǐ　děi　qù　xīyān　chù.

Ⓐ 请　告诉　我　怎么　走。
Qǐng　gàosu　wǒ　zěnme　zǒu.

Ⓑ 从　这儿　一直　往　前　走，到　了　11　号馆　往　右　拐
Cóng　zhèr　yìzhí　wǎng　qián　zǒu,　dào　le　shíyī　hàoguǎn　wǎng　yòu　guǎi

就　是。
jiù　shì.

Ⓐ 谢谢！听说　最近　学校　新　建　了　一　个　吸烟　处。
Xièxie!　Tīngshuō　zuìjìn　xuéxiào　xīn　jiàn　le　yí　ge　xīyān　chù.

Ⓑ 真的　吗？我　不　知道。
Zhēnde　ma?　Wǒ　bù　zhīdao.

文法ポイント

POINT 1 助詞 "过" ◀)) 127

動詞＋"过"（～したことがある）　　経験を表す。

我去过英国。
Wǒ qùguo Yīngguó.

我看过中国电影。
Wǒ kànguo Zhōngguó diànyǐng.

我还没（有）去过法国。
Wǒ hái méi(yǒu) qùguo Fǎguó.

你去过外国吗？ / 你去过外国没有？ ── 去过。
Nǐ qùguo wàiguó ma? 　 Nǐ qùguo wàiguó méiyǒu? 　　 Qùguo.

没（有）去过。 / 没有。
Méi(yǒu) qùguo. 　　 Méiyǒu.

動作の回数を表すことばは動詞の後ろに置く。

你去过美国吗？ ── 我去过两次。
Nǐ qùguo Měiguó ma? 　　 Wǒ qùguo liǎng cì.

我看过一次中国电影。
Wǒ kànguo yí cì Zhōngguó diànyǐng.

POINT 2 助動詞 "会" "能" "可以" ◀)) 128

"会"＋動詞　　学習、訓練を通して習得した能力についていう。

我会游泳。
Wǒ huì yóuyǒng.

我会说英语。
Wǒ huì shuō Yīngyǔ.

我不会打网球。
Wǒ bú huì dǎ wǎngqiú.

我不会开车。
Wǒ bú huì kāichē.

你会滑雪吗？ / 你会不会滑雪？ ── 会。
Nǐ huì huáxuě ma? 　 Nǐ huì bu huì huáxuě? 　　 Huì.

不会。
Bú huì.

"能"＋動詞　　条件・能力が備わっていることを表す。

明天我们都能来。　　　　今天我不能去。　　　　这儿不能吸烟。
Míngtiān wǒmen dōu néng lái.　Jīntiān wǒ bù néng qù.　Zhèr bù néng xīyān.

我能用一下你的词典吗？
Wǒ néng yòng yíxià nǐ de cídiǎn ma?

这是昨天的牛奶，不能喝了。
Zhè shì zuótiān de niúnǎi, bù néng hē le.

"可以"＋動詞　　客観的条件により許されることを表す。

这儿可以吸烟。
Zhèr kěyǐ xīyān.

可以打开吗？ —— 可以。
Kěyǐ dǎkāi ma?　　　　Kěyǐ.

　　　　　　　　　　不行。／ 不能打开。
　　　　　　　　　　Bùxíng.　　Bù néng dǎkāi.

夏天我们可以去游泳。
Xiàtiān wǒmen kěyǐ qù yóuyǒng.

POINT 3　　**助動詞"要""得"**　　🔊 129

"要""得"＋動詞　　「〜しなければならない」という必要・義務を表す。否定は"不用"
を用いる。

我要回国。　　　　　　我明天要去打工。
Wǒ yào huíguó.　　　　Wǒ míngtiān yào qù dǎgōng.

我得买票。　　　　　　晚上我得写作业。
Wǒ děi mǎi piào.　　　Wǎnshang wǒ děi xiě zuòyè.

我明天不用去打工。
Wǒ míngtiān bú yòng qù dǎgōng.

"要"＋動詞　　「〜したい」という強い意志を表すこともある。否定は"不想"を用いる。

我要去美国留学。　　　我不想去上班。
Wǒ yào qù Měiguó liúxué.　Wǒ bù xiǎng qù shàngbān.

POINT 4　存現文

場所＋"有"／V ＋存在物　　事物や事象の存在、出現を述べる文。

这儿有一本书。
Zhèr yǒu yì běn shū.

教室里坐着很多学生。
Jiàoshìli zuòzhe hěn duō xuésheng.

家里来了一个客人。
Jiāli lái le yí ge kèren.

我们学校新建了一个食堂。
Wǒmen xuéxiào xīn jiàn le yí ge shítáng.

POINT 5　前置詞（2）（对、给、往、向）

前置詞＋名詞＋動詞／形容詞

我对中国的历史感兴趣。
Wǒ duì Zhōngguó de lìshǐ gǎn xìngqù.

我给你打电话。
Wǒ gěi nǐ dǎ diànhuà.

往左拐就是书店。
Wǎng zuǒ guǎi jiù shì shūdiàn.

从这儿往前走就到了。
Cóng zhèr wǎng qián zǒu jiù dào le.

向你爸爸问好。
Xiàng nǐ bàba wènhǎo.

　　否定の"不""没"は位置に注意が必要である。

我对运动不感兴趣。
Wǒ duì yùndòng bù gǎn xìngqù.

我没给他打电话。
Wǒ méi gěi tā dǎ diànhuà.

練習 Practice

補充単語 🔊132

- ☐ 日本菜 Rìběncài 日本料理
- ☐ 回锅肉 huíguōròu ホイコーロー
- ☐ 跳舞 tiào//wǔ ダンスをする
- ☐ 瓶 píng （瓶に入っているものを数える)本
- ☐ 珍珠奶茶 zhēnzhū nǎichá タピオカミルクティー
- ☐ 照相 zhào//xiàng 写真を撮る
- ☐ 音乐 yīnyuè 音楽
- ☐ 棒球 bàngqiú 野球
- ☐ 足球 zúqiú サッカー
- ☐ 奶奶 nǎinai （父方）おばあさん
- ☐ 问题 wèntí 問題、質問
- ☐ 咖喱 gālí カレー
- ☐ 滑冰 huá//bīng スケートをする
- ☐ 唱歌 chàng//gē 歌を歌う
- ☐ 酸奶 suānnǎi ヨーグルト
- ☐ 葡萄酒 pútaojiǔ ワイン
- ☐ 休息 xiūxi 休憩する、休む
- ☐ 乒乓球 pīngpāngqiú 卓球
- ☐ 踢 tī ける
- ☐ 爷爷 yéye （父方）おじいさん
- ☐ 家人 jiārén 家族

会話練習

1 （　　）の中の単語を下線部の単語に入れ替え、ペアで練習しましょう。 🔊133

❶ A 你做过<u>中国菜</u>吗？
Nǐ zuòguo Zhōngguócài ma?

B 我做过（/ 我没做过）。
Wǒ zuòguo (/ Wǒ méi zuòguo).

（日本菜 Rìběncài　咖喱 gālí　回锅肉 huíguōròu　饺子 jiǎozi　饭团 fàntuán）

❷ A 你会<u>开车</u>吗？
Nǐ huì kāichē ma?

B 我会<u>开车</u>（/ 我不会<u>开车</u>）。
Wǒ huì kāichē (/ Wǒ bú huì kāichē).

（滑雪 huáxuě　滑冰 huábīng　跳舞 tiàowǔ　唱歌 chànggē　说汉语 shuō Hànyǔ）

❸ A 这瓶<u>茶</u>还能喝吗？
Zhè píng chá hái néng hē ma?

B 能喝（/ 不能喝了）。
Néng hē (/ Bù néng hē le).

（牛奶 niúnǎi　酸奶 suānnǎi　珍珠奶茶 zhēnzhū nǎichá　啤酒 píjiǔ　葡萄酒 pútaojiǔ）

❹ A 这儿可以<u>吸烟</u>吗？
Zhèr kěyǐ xīyān ma?

B 这儿可以<u>吸烟</u>（/ 这儿不能<u>吸烟</u>）。
Zhèr kěyǐ xīyān (/ Zhèr bù néng xīyān).

（游泳 yóuyǒng　照相 zhàoxiàng　唱歌 chànggē　吃东西 chī dōngxi　喝啤酒 hē píjiǔ）

❺ A 明天你要<u>打工</u>吗？
Míngtiān nǐ yào dǎgōng ma?

B 我要<u>打工</u>（/ 我不用<u>打工</u>）。
Wǒ yào dǎgōng (/ Wǒ bú yòng dǎgōng).

（上班 shàngbān　上学 shàngxué　休息 xiūxi　回家 huíjiā　写作业 xiě zuòyè）

6 A 你对什么感兴趣？ B 我对音乐感兴趣。
   Nǐ duì shénme gǎn xìngqù? Wǒ duì yīnyuè gǎn xìngqù.

　（中国历史 Zhōngguó lìshǐ　打游戏 dǎ yóuxì　打乒乓球 dǎ pīngpāngqiú

　　打棒球 dǎ bàngqiú　踢足球 tī zúqiú）

7 A 向你妈妈问好。 B 谢谢。
   Xiàng nǐ māma wènhǎo. Xièxie.

　（你爸爸 nǐ bàba　你爷爷 nǐ yéye　你奶奶 nǐ nǎinai　老师 lǎoshī　家人 jiārén）

---

2 ペアで問答練習をしましょう。

① 你吃过北京烤鸭吗？

② 你会说汉语吗？

③ 我能用一下你的圆珠笔吗？

④ 我可以问你一个问题吗？

⑤ 谁给你做饭？

⑥ 你对什么感兴趣？

筆　記　🖊

3 次のピンインを漢字に直しましょう。

① Jiāli lái le yí ge kèren.　..

② Wǒmen xuéxiào xīn lái le hěn duō liúxuéshēng.

　..

③ Wǎng zuǒ guǎi jiù shì xīyān chù.　..

④ Tā qùguo yí cì Běijīng.　..

⑤ Wǒ méi qùguo Zhōngguó.　..

4 （　　　）に適切なものを①〜④の中から一つ選び、文を完成しましょう。

1 这是昨天的珍珠奶茶，不（　　　）喝了。
　　①能　　　　②会　　　　③得　　　　④用

2 她没学过汉语，所以她不（　　　）说汉语。
　　①要　　　　②得　　　　③可以　　　　④会

3 教室里（　　　）吸烟吗？
　　①得　　　　②可以　　　　③会　　　　④要

4 她（　　　）中国音乐很感兴趣。
　　①向　　　　②往　　　　③对　　　　④从

5 请（　　　）李老师问好。
　　①往　　　　②向　　　　③要　　　　④对

リスニング 🎧

5 発音を聞き、漢字を書きとりましょう。　🔊134

1 ....

2 ....

3 ....

4 ....

5 ....

6 質問を聞き、①〜④の中から適切な答えを一つ選びましょう。　🔊135

1 ①　　　　　　②　　　　　　③　　　　　　④

2 ①　　　　　　②　　　　　　③　　　　　　④

3 ①　　　　　　②　　　　　　③　　　　　　④

4 ①　　　　　　②　　　　　　③　　　　　　④

5 ①　　　　　　②　　　　　　③　　　　　　④

第 **8** 課　　我是从冲绳来的

新出単語　Words and Phrases

会話　🔊136

☐ 是…的 shì de　〜のだ	☐ 冲绳 Chōngshéng　沖縄
☐ 还是 háishi　それとも	☐ 已经 yǐjing　すでに
☐ 海 hǎi　海	☐ 美 měi　美しい
☐ 海边 hǎibiān　海辺	☐ 舒服 shūfu　気分がよい
☐ 怎么了 zěnme le　どうした	☐ 感冒 gǎnmào　風邪を引く
☐ 发烧 fā//shāo　熱が出る	☐ 赶紧 gǎnjǐn　できるだけ早く
☐ 医院 yīyuàn　病院	☐ 不要紧 bú yàojǐn　大丈夫だ
☐ 药 yào　薬	☐ 好好儿 hǎohāor　よく、ちゃんと
☐ 好的 hǎo de　（同意）はい、わかった	☐ 不要 búyào　〜してはいけない、〜するな
☐ 担心 dānxīn　心配する	

文法ポイント　🔊137

☐ 上海 Shànghǎi　上海	☐ 遍 biàn　（始めから終わりまで）回、へん
☐ 顿 dùn　（食事などを数える）回	☐ 趟 tàng　（往復の動作を数える）回
☐ 见面 jiàn//miàn　対面する、会う	☐ 说话 shuō//huà　話をする
☐ 房间 fángjiān　部屋	☐ 抽烟 chōu//yān　たばこを吸う
☐ 别 bié　（禁止）〜するな	☐ 客气 kèqi　遠慮する

会話 **Conversation**

会話 1 🔊 138

(A) 你 是 从 哪儿 来 的？
Nǐ　shì　cóng　nǎr　lái　de?

(B) 我 是 从 冲绳 来 的。
Wǒ　shì　cóng　Chōngshéng　lái　de.

(A) 你 喜欢 东京 还是 喜欢 冲绳？
Nǐ　xǐhuan　Dōngjīng　háishi　xǐhuan　Chōngshéng?

(B) 我 都 喜欢。你 去过 冲绳 吗？
Wǒ　dōu　xǐhuan.　Nǐ　qùguo　Chōngshéng　ma?

(A) 我 已经 去过 两 次 了。
Wǒ　yǐjing　qùguo　liǎng　cì　le.

(B) 冲绳 的 海 特别 美，早上 在 海边 散步 非常 舒服。
Chōngshéng　de　hǎi　tèbié　měi,　zǎoshang　zài　hǎibiān　sànbù　fēicháng　shūfu.

会話 2 🔊 139

(A) 你 怎么 了？
Nǐ　zěnme　le?

(B) 我 感冒 了。有点儿 发烧。
Wǒ　gǎnmào　le.　Yǒudiǎnr　fāshāo.

(A) 你 赶紧 去 医院 看看 吧。
Nǐ　gǎnjǐn　qù　yīyuàn　kànkan　ba.

(B) 已经 看 了。医生 说 不 要紧，喝 点儿 药 就 好 了。
Yǐjing　kàn　le.　Yīshēng　shuō　bú　yàojǐn,　hē　diǎnr　yào　jiù　hǎo　le.

(A) 今天 在 家 好好儿 休息休息 吧。
Jīntiān　zài　jiā　hǎohāor　xiūxixiuxi　ba.

(B) 好 的。不要 担心。
Hǎo　de.　Búyào　dānxīn.

77

POINT 1 "是…的" の文

🔊)140

すでに発生した事柄について、場所、時間、方法、目的などに重点をおいて述べる表現。目的語があるときは、"的"の後ろにおいてもよい。"是"は省略することができるが、否定の場合は省略できない。

你是从哪儿来的？
Nǐ shì cóng nǎr lái de?

—— 我是从上海来的。
Wǒ shì cóng Shànghǎi lái de.

你是在哪儿学的汉语？
Nǐ shì zài nǎr xué de Hànyǔ?

—— 我是在大学学的汉语。
Wǒ shì zài dàxué xué de Hànyǔ.

是什么时候买的？
Shì shénme shíhou mǎi de?

—— 去年买的。
Qùnián mǎi de.

我不是跟他一起去的。
Wǒ bú shì gēn tā yìqǐ qù de.

POINT 2 選択疑問文

🔊)141

A 还是 B？（A それとも B？）

你去还是我去？
Nǐ qù háishi wǒ qù?

—— 我去吧。
Wǒ qù ba.

你喝咖啡还是喝红茶？
Nǐ hē kāfēi háishi hē hóngchá?

—— 我喝红茶。
Wǒ hē hóngchá.

你喜欢打棒球还是喜欢踢足球？
Nǐ xǐhuan dǎ bàngqiú háishi xǐhuan tī zúqiú?

—— 我都喜欢。
Wǒ dōu xǐhuan.

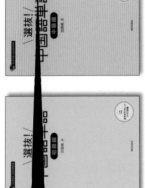

POINT 3 　動量詞

🔊 142

動詞＋動量詞（＋目的語）

　動作の回数などを数える。動量詞は動詞の後ろに置かれる。

这本书我看过两遍。
Zhè běn shū wǒ kànguo liǎng biàn.

我去过一次北海道。
Wǒ qùguo yí cì Běihǎidào.

我们每天吃三顿饭。
Wǒmen měitiān chī sān dùn fàn.

我要回一趟家。
Wǒ yào huí yí tàng jiā.

POINT 4 　動詞の重ね型

🔊 143

動詞（＋"一"）＋動詞（ちょっと〜する）

　1音節の動詞の間には"一"を入れてもよい。

看（一）看 kàn(yi)kan　说（一）说 shuō(yi)shuo　休息休息 xiūxixiuxi

我想看一看。
Wǒ xiǎng kànyikan.

我们商量商量吧。
Wǒmen shāngliangshangliang ba.

你能教教我吗？
Nǐ néng jiāojiao wǒ ma?

POINT
5　**離合詞**

🔊 144

"打工"、"滑雪"、"见面"のように 2 音節からなり、連結しても離しても使うことができる単語を離合詞と呼ぶ。

下午我要去打工。
Xiàwǔ wǒ yào qù dǎgōng.

我每天打四个小时工。
Wǒ měitiān dǎ sì ge xiǎoshí gōng.

去年冬天我没去滑雪。
Qùnián dōngtiān wǒ méi qù huáxuě.

她还没滑过雪。
Tā hái méi huáguo xuě.

我们在哪儿见面？
Wǒmen zài nǎr jiànmiàn?

我跟他见过一次面。
Wǒ gēn tā jiànguo yí cì miàn.

離合詞には他に、"起床"（起きる）、"睡觉"（寝る）、"游泳"（泳ぐ）、"照相"（写真を撮る）、"请假（qǐng//jià）"（休みをもらう）、"结婚（jié//hūn）"（結婚する）などがある。

POINT
6　**禁止を表す"不要""别"**

🔊 145

请不要说话！
Qǐng bú yào shuōhuà!

房间里不要抽烟。
Fángjiānli búyào chōuyān.

别客气！
Bié kèqi!

8

補充単語 ◀))146

- □ 千叶 Qiānyè 千葉
- □ 山梨 Shānlí 山梨
- □ 静冈 Jìnggāng 静岡
- □ 包子 bāozi 中華まん
- □ 蔬菜 shūcài 野菜
- □ 鱼 yú 魚
- □ 狗 gǒu 犬
- □ 小说 xiǎoshuō 小説
- □ 念 niàn 声を出して読む

- □ 埼玉 Qíyù 埼玉
- □ 神奈川 Shénnàichuān 神奈川
- □ 长野 Chángyě 長野
- □ 小笼包 xiǎolóngbāo ショーロンポー
- □ 水果 shuǐguǒ 果物
- □ 肉 ròu 肉
- □ 猫 māo 猫
- □ 聊天 liáo//tiān おしゃべりをする
- □ 课文 kèwén テキスト本文

会話練習

1 （　　）の中の単語を下線部の単語に入れ替え、ペアで練習しましょう。　　◀))147

1 A 你是从哪儿来的？
Nǐ shì cóng nǎr lái de?

B 我是从冲绳来的。
Wǒ shì cóng Chōngshéng lái de.

（千叶 Qiānyè 埼玉 Qíyù 山梨 Shānlí 神奈川 Shénnàichuān 静冈 Jìnggāng
长野 Chángyě）

2 A 你吃饺子还是吃面条？
Nǐ chī jiǎozi háishi chī miàntiáo?

B 我吃饺子。
Wǒ chī jiǎozi.

（包子 bāozi / 小笼包 xiǎolóngbāo 中国菜 Zhōngguócài / 日本菜 Rìběncài
蔬菜 shūcài / 水果 shuǐguǒ 鱼 yú / 肉 ròu）

3 A 你喜欢春天还是喜欢夏天？
Nǐ xǐhuan chūntiān háishi xǐhuan xiàtiān?

B 我喜欢夏天。
Wǒ xǐhuan xiàtiān.

（秋天 qiūtiān / 冬天 dōngtiān 狗 gǒu / 猫 māo 中国小说 Zhōngguó xiǎoshuō /
日本小说 Rìběn xiǎoshuō 美国电影 Měiguó diànyǐng / 日本电影 Rìběn diànyǐng）

4 A 你们一起散过步吗？
Nǐmen yìqǐ sànguo bù ma?

B 我们一起散过步。
Wǒmen yìqǐ sànguo bù.

（照 zhào / 相 xiàng 游 yóu / 泳 yǒng 滑 huá / 雪 xuě 滑 huá / 冰 bīng 打 dǎ / 工 gōng）

5 A 不要在这儿喝酒。
Búyào zài zhèr hē jiǔ.

B 知道了。
Zhīdao le.

（说话 shuōhuà 吸烟 xīyān 照相 zhàoxiàng 睡觉 shuìjiào 聊天 liáotiān）

⑥ A 你们休息休息吧。　　　　　B 好的。

　　Nǐmen xiūxixiuxi ba.　　　　　Hǎo de.

（说说 shuōshuo　看看 kànkan　听听 tīngting　问问 wènwen　商量商量 shāngliangshangliang）

2 ペアで問答練習をしましょう。

① 你是从哪儿来的？

② 你的书包是在哪儿买的？

③ 你喜欢春天还是喜欢秋天？

④ 星期天你打工还是学习？

⑤ 你去过几次外国？

⑥ 你念了几遍课文？

筆 記 🖉 ///

3 次のピンインを漢字に直しましょう。

① Zuótiān wǒ chī le liǎng dùn fàn. ....

② Chōngshéng de hǎi tèbié měi. ....

③ Nǐ xǐhuan chī ròu háishi xǐhuan chī yú?

....

④ Wǒmen xiūxixiuxi ba. ....

⑤ Wǒ qùguo liǎng cì Zhōngguó. ....

4 （　　）に適切なものを①〜④の中から一つ選び、文を完成しましょう。

① 小李坐飞机去（　　　）坐船去？
　　①不是　　　②是　　　③还是　　　④得

② 小张的电脑是在商场买（　　　）。
　　①吗　　　②了　　　③呢　　　④的

③ 昨天我吃了一（　　　）饭。
　　①遍　　　②顿　　　③次　　　④趟

④ 请 （　　　） 在教室吃东西。
　　 ①不　　　　②得　　　　③不要　　　④不能
⑤ 我 （　　　） 买了。
　　 ①已经　　　②还　　　　③不可以　　④不要

リスニング 🎧

5 発音を聞き、漢字を書きとりましょう。　　　🔊 148

❶ ....

❷ ....

❸ ....

❹ ....

❺ ....

6 質問を聞き、①～④の中から適切な答えを一つ選びましょう。　　　🔊 149

❶　①　　　　　　②　　　　　　③　　　　　　④

❷　①　　　　　　②　　　　　　③　　　　　　④

❸　①　　　　　　②　　　　　　③　　　　　　④

❹　①　　　　　　②　　　　　　③　　　　　　④

❺　①　　　　　　②　　　　　　③　　　　　　④

Lesson 9

第 **9** 課

你滑雪滑得怎么样？

新出単語 Words and Phrases

会話 🔊150

- [ ] 得 de （動詞・形容詞の後に置き、様態補語を導く）
- [ ] 滑雪板 huáxuěbǎn　スノーボード
- [ ] 可是 kěshì　しかし
- [ ] 要是…的话,（就）… yàoshi de huà,(jiù)　もし~なら
- [ ] 不好意思 bù hǎoyìsi　申し訳ない
- [ ] 还 hái　まあまあ、まずまず
- [ ] 一边…一边… yìbiān…yìbiān　～しながら~する
- [ ] 听力 tīnglì　聴力、リスニング
- [ ] 机会 jīhuì　機会

- [ ] 的 de （動詞(句)・名詞(句)の後に置き、名詞を修飾する）
- [ ] 下周 xiàzhōu　来週
- [ ] 再 zài　再び、もう一度
- [ ] 时间 shíjiān　時間
- [ ] 流利 liúlì　流暢である
- [ ] 行 xíng　（能力）すばらしい、いい
- [ ] 练习 liànxí　練習する
- [ ] 汉字 Hànzì　漢字

文法ポイント 🔊151

- [ ] 快 kuài　速い
- [ ] 开心 kāixīn　楽しい、愉快だ
- [ ] 画儿 huàr　絵
- [ ] 太 tài　～すぎる、あまりに～
- [ ] 卡拉OK kǎlā'ōukèi　カラオケ
- [ ] 谈 tán　語る
- [ ] 收拾 shōushi　片付ける
- [ ] 又 yòu　また

- [ ] 过 guò　過ごす
- [ ] 画 huà　描く
- [ ] 现在 xiànzài　現在、いま
- [ ] 唱 chàng　歌う
- [ ] 咱们 zánmen　私たち
- [ ] 常常 chángcháng　よく、いつも
- [ ] 怎么 zěnme　どうして、なぜ
- [ ] 工作 gōngzuò　仕事（をする）

9

会話 1　🔊152

A 你　滑雪　滑得　怎么样？
　　Nǐ　huáxuě　huáde　zěnmeyàng?

B 我　滑得　不太　好。
　　Wǒ　huáde　bútài　hǎo.

A 昨天　我　买　了　一　个　很　漂亮　的　滑雪板，下周　我们
　　Zuótiān　wǒ　mǎi　le　yí　ge　hěn　piàoliang　de　huáxuěbǎn，xiàzhōu　wǒmen
　　一起　去　滑雪　吧。
　　yìqǐ　qù　huáxuě　ba.

B 可是，去年　我　买　的　滑雪板　不　能　用　了，得　再　买
　　Kěshì，qùnián　wǒ　mǎi　de　huáxuěbǎn　bù　néng　yòng　le，děi　zài　mǎi
　　一　个。
　　yí　ge.

A 星期天　要是　有　时间　的　话，我　跟　你　一起　去　买　吧。
　　Xīngqītiān　yàoshi　yǒu　shíjiān　de　huà，wǒ　gēn　nǐ　yìqǐ　qù　mǎi　ba.

B 那　太　不　好意思　了！
　　Nà　tài　bù　hǎoyìsi　le!

会話 2　🔊153

A 你　汉语　说得　怎么样？
　　Nǐ　Hànyǔ　shūode　zěnmeyàng?

B 我　说得　不太　流利。写得　还　行。
　　Wǒ　shūode　bútài　liúlì.　Xiěde　hái　xíng.

A 那　今天　我们　一边　练习　听力　一边　写　汉字，怎么样？
　　Nà　jīntiān　wǒmen　yìbiān　liànxí　tīnglì　yìbiān　xiě　Hànzì，zěnmeyàng?

B 好　啊。要是　有　机会　跟　中国人　说话　就　好　了。
　　Hǎo　a.　Yàoshi　yǒu　jīhuì　gēn　Zhōngguórén　shuōhuà　jiù　hǎo　le.

A 我　有　个　朋友　是　中国　留学生，我　问问　她　明天　有
　　Wǒ　yǒu　ge　péngyou　shì　Zhōngguó　liúxuéshēng，wǒ　wènwen　tā　míngtiān　yǒu
　　没　有　时间。
　　méi　yǒu　shíjiān.

B 要是　她　能　来　的　话，我们　就　在　饭店　一边　吃饭
　　Yàoshi　tā　néng　lái　de　huà，wǒmen　jiù　zài　fàndiàn　yìbiān　chīfàn
　　一边　聊天。
　　yìbiān　liáotiān.

文法ポイント

POINT 1　様態補語　🔊 154

動詞の後に"得"を伴い、動作、行為の行われ方がどうであるかを描写する。

動詞＋"得"＋形容詞句（～するのが～だ）

你吃得快吗？　—— 我吃得很快。
Nǐ chīde kuài ma?　　　Wǒ chīde hěn kuài.

他说得怎么样？ —— 他说得不太好。
Tā shuōde zěnmeyàng?　　Tā shuōde bútài hǎo.

暑假他们过得很开心。
Shǔjià tāmen guòde hěn kāixīn.

（動詞）＋目的語＋動詞＋"得"＋形容詞句（…を～するのが～だ）

他（说）汉语说得很好。
Tā (shuō) Hànyǔ shuōde hěn hǎo.

我（开）车开得不太好。
Wǒ (kāi) chē kāide bútài hǎo.

你（画）画儿画得怎么样？
Nǐ (huà) huàr huàde zěnmeyàng?

POINT 2　助词"的"（2）　🔊 155

動詞 / 形容詞（句）＋"的"＋名詞
　動詞（句）、形容詞（句）は"想看的电影"（見たい映画）、"漂亮的花"（きれいな花）など"的"を伴って名詞を修飾することができる。

她有很多好看的衣服。
Tā yǒu hěn duō hǎokàn de yīfu.

我告诉你们一件高兴的事。
Wǒ gàosu nǐmen yí jiàn gāoxìng de shì.

她是从中国来的留学生。
Tā shì cóng Zhōngguó lái de liúxuéshēng.

我很喜欢你给我的礼物。
Wǒ hěn xǐhuan nǐ gěi wǒ de lǐwù.

现在是学习的时间，不是睡觉的时间。
Xiànzài shì xuéxí de shíjiān, bú shì shuìjiào de shíjiān.

POINT 3 要是（…的话）…就… ◀)) 156

仮定関係を表す複文で、「もし…なら〜」の意。

要是太贵的话，我就不买。
Yàoshi tài guì de huà, wǒ jiù bù mǎi.

要是你去，我也去。
Yàoshi nǐ qù, wǒ yě qù.

要是有时间，我想跟你一起去唱卡拉ＯＫ。
Yàoshi yǒu shíjiān, wǒ xiǎng gēn nǐ yìqǐ qù chàng kǎlā'ōukèi.

POINT 4 一边…一边… ◀)) 157

二つ以上の動作が同時に行われることを表す。「…しながら〜する」の意。

咱们一边走，一边谈吧。
Zánmen yìbiān zǒu, yìbiān tán ba.

他常常一边唱歌，一边收拾房间。
Tā chángcháng yìbiān chànggē, yìbiān shōushi fángjiān.

我喜欢（一）边听音乐，（一）边喝咖啡。
Wǒ xǐhuan (yì)biān tīng yīnyuè, (yì)biān hē kāfēi.

POINT 5 副詞 "再" と "又"

🔊 158

"再" はまだ実現していないことに、"又" はすでに実現していることに用いる。

请再说一遍。
Qǐng zài shuō yí biàn.

他不在，明天再来吧。
Tā bú zài, míngtiān zài lái ba.

要是有机会，我们再见面。
Yàoshi yǒu jīhuì, wǒmen zài jiànmiàn.

他昨天来过一次，今天怎么又来了？
Tā zuótiān láiguo yí cì, jīntiān zěnme yòu lái le?

我们又见面了。
Wǒmen yòu jiànmiàn le.

又是你啊！
Yòu shì nǐ a!

POINT 6 兼語文（1）

🔊 159

"有" ＋兼語（目的語 / 主語）＋動詞句

　兼語部分は前の動詞 "有" の目的語であると同時に、後ろの動詞の主語となっている。

我有一个朋友叫王洋。
Wǒ yǒu yí ge péngyou jiào Wáng Yáng.

房间里有人说话。
Fángjiānli yǒu rén shuōhuà.

她有个哥哥在美国工作。
Tā yǒu ge gēge zài Měiguó gōngzuò.

練習 Practice

補充単語 🔊160

- □ 太极拳 tàijíquán　太極拳
- □ 花茶 huāchá　ジャスミンティー
- □ 果汁 guǒzhī　フルーツジュース
- □ 米饭 mǐfàn　ご飯、ライス
- □ 水饺 shuǐjiǎo　水餃子
- □ 跑步 pǎobù　ジョギングをする
- □ 邮件 yóujiàn　eメール
- □ 包饺子 bāo jiǎozi　餃子をつくる
- □ 预习 yùxí　予習する

- □ 考试 kǎo//shì　試験をする、試験を受ける
- □ 水 shuǐ　水
- □ 可乐 kělè　コーラ
- □ 馒头 mántou　マントウ、蒸しパン
- □ 打扫卫生 dǎsǎo wèishēng　清掃する
- □ 发 fā　発送する
- □ 微信 Wēixìn　ウィーチャット
- □ 玩儿 wánr　遊ぶ
- □ 复习 fùxí　復習する

会話練習

1 （　）の中の単語を下線部の単語に入れ替え、ペアで練習しましょう。　🔊161

❶ A　你滑雪滑得怎么样？
　　　Nǐ huáxuě huáde zěnmeyàng?

B　我滑得不太好。
　　Wǒ huáde bútài hǎo.

（画 huà / 画儿 huàr　唱 chàng / 卡拉OK kǎlā'ōukèi　打 dǎ / 太极拳 tàijíquán　考 kǎo / 试 shì）

❷ A　他给你买什么了？
　　　Tā gěi nǐ mǎi shénme le?

B　他给我买了一瓶很好喝的咖啡。
　　Tā gěi wǒ mǎi le yì píng hěn hǎohē de kāfēi.

（花茶 huāchá　水 shuǐ　果汁 guǒzhī　可乐 kělè　珍珠奶茶 zhēnzhū nǎichá）

❸ A　你妈妈做的饭怎么样？
　　　Nǐ māma zuò de fàn zěnmeyàng?

B　我妈妈做的饭很好吃。
　　Wǒ māma zuò de fàn hěn hǎochī.

（米饭 mǐfàn　馒头 mántou　中国菜 Zhōngguócài　水饺 shuǐjiǎo　点心 diǎnxīn）

❹ A　要是有时间的话，你想干什么？
　　　Yàoshi yǒu shíjiān de huà, nǐ xiǎng gàn shénme?

B　我想去旅游。
　　Wǒ xiǎng qù lǚyóu.

（打扫卫生 dǎsǎo wèishēng　收拾房间 shōushi fángjiān　打工 dǎgōng　睡觉 shuìjiào
看小说 kàn xiǎoshuō）

❺ A　我一边听音乐一边看书，你呢？
　　　Wǒ yìbiān tīng yīnyuè yìbiān kàn shū, nǐ ne?

B　我常常一边听音乐一边开车。
　　Wǒ chángcháng yìbiān tīng yīnyuè yìbiān
　　kāichē.

（跑步 pǎobù　发邮件 fā yóujiàn　发微信 fā Wēixìn　喝咖啡 hē kāfēi　包饺子 bāo jiǎozi）

6 A 我们明天再来吧。　　　　B 好啊。明天再来。
　　　Wǒmen míngtiān zài lái ba.　　　　Hǎo a. Míngtiān zài lái.

（看 kàn　买 mǎi　打 dǎ　玩儿 wánr　工作 gōngzuò）

7 A 她又工作了一天。　　　　B 是啊。
　　　Tā yòu gōngzuò le yì tiān.　　　　Shì a.

（玩儿 wánr　休息 xiūxi　学习 xuéxí　预习 yùxí　复习 fùxí）

2 ペアで問答練習をしましょう。

1 你妈妈做的饭好吃吗？

2 你汉语说得怎么样？

3 要是你有很多钱，你想买什么？

4 在日本，可以一边开车一边打电话吗？

5 你有朋友去中国留学吗？

筆　記

3 次のピンインを漢字に直しましょう。

1 Wǒ huáxuě huáde bútài hǎo.

2 Wǒ mǎi de Hànyǔ shū hěn guì.

3 Búyào yìbiān kāichē yìbiān dǎ diànhuà.

4 Jīntiān méiyǒu shíjiān le, míngtiān zài qù ba.

5 Wǒ yòu mǎi le yí ge huáxuěbǎn.

4 （　　　）に適切なものを①〜④の中から一つ選び、文を完成しましょう。

1 她过（　　　）很开心。
　　①得　　　　②的　　　　③了　　　　④也

2 我想告诉你一件高兴（　　　）事。
　　①再　　　　②得　　　　③又　　　　④的

3 这个很便宜，你（　　　）买一个吧。
　　①又　　　　②还　　　　③再　　　　④要

4 你怎么（　　　）来了？
　　①就　　　　②再　　　　③还　　　　④又

5 要是明天没事的话，我（　　　）去打网球。
　　①又　　　　②就　　　　③跟　　　　④向

リスニング 🎧

5 発音を聞き、漢字を書きとりましょう。　　　🔊162

1 ....

2 ....

3 ....

4 ....

5 ....

6 質問を聞き、①〜④の中から適切な答えを一つ選びましょう。　　　🔊163

1　①　　　　　　②　　　　　　③　　　　　　④

2　①　　　　　　②　　　　　　③　　　　　　④

3　①　　　　　　②　　　　　　③　　　　　　④

4　①　　　　　　②　　　　　　③　　　　　　④

5　①　　　　　　②　　　　　　③　　　　　　④

第 **10** 課　刚才的电影你看懂了吗？

新出単語　Words and Phrases

会話　🔊164

☐ 刚才 gāngcái　先ほど、さっき	☐ 懂 dǒng　理解する、わかる
☐ 对…来说 duì…láishuō　～にとって	☐ 的确 díquè　確かに
☐ 容易 róngyì　容易である、～しやすい	☐ 还是 háishi　やはり
☐ 爱情片 àiqíng piàn　恋愛映画	☐ 比较 bǐjiào　比較的
☐ 好 hǎo　（"好"＋動詞）～しやすい	☐ 前天 qiántiān　おととい
☐ 寄 jì　郵送する、送る	☐ 袋 dài　（袋入りのものを数える）袋
☐ 特产 tèchǎn　特産物	☐ 对了 duìle　そうだ
☐ 为 wèi　～のために	☐ 盒 hé　（箱入りのものを数える）箱
☐ 尝 cháng　味わう、味見する	☐ 哇 wa　わあ
☐ 好久 hǎojiǔ　長い間	☐ 这么 zhème　こんなに
☐ 好 hǎo　（動詞＋"好"）～し終わる、しっかり～する	☐ 一…就… yī…jiù…　～するとすぐ～
☐ 为什么 wèi shénme　なぜ、どうして	☐ 因为…所以… yīnwèi…suǒyǐ…　～なので、したがって～
☐ 半夜 bànyè　夜中	☐ 才 cái　やっと、ようやく
☐ 辛苦 xīnkǔ　つらい、骨が折れる	☐ 早点儿 zǎo diǎnr　早く、早めに
☐ 完 wán　終わる	☐ 第一节 dì yī jié　1限目
☐ 迟到 chídào　遅刻する	

文法ポイント　🔊165

☐ 找 zhǎo　探す	☐ 话 huà　話・言葉
☐ 错 cuò　間違える	☐ 进 jìn　入る
☐ 上去 shàngqu　上がっていく	☐ 楼 lóu　階、ビル
☐ 跑 pǎo　走る	☐ 下来 xiàlai　下りてくる
☐ 想 xiǎng　思う	☐ 起来 qǐlai　起きる、"想起来"で「思い出す」
☐ 进来 jìnlai　入ってくる	☐ 回来 huílai　帰ってくる
☐ 明白 míngbai　わかる	☐ 下课 xià//kè　授業が終わる
☐ 毕业 bì//yè　卒業する	☐ 结婚 jié//hūn　結婚する
☐ 中文 Zhōngwén　中国語	

就活・留学準備の強力な味方!

あなたのグローバル英語力を測定

新時代のオンラインテスト

銀行のセミナー・研修にも使われています

GLENTS

留学・就活により役立つ新時代のオンラインテスト

ENGLISH EXPRESS

CNN

音声ダウンロード付き 毎月6日発売 B5判 定価1263円（税込）
※2023年11月号より、定価1375円（税込）に価格改定いたします。

これが世界標準の英語!!

CNNの生音声で学べる唯一の月刊誌

◇ CNNのニュース、インタビューが聴ける
◇ 英語脳に切り替わる問題集付き
◇ カリスマ講師・関正生の文法解説や
　 人気通訳者・橋本美穂などの豪華連載も
◇ スマホやパソコンで音声らくらくダウンロード

定期購読をお申し込みの方には本誌1号分無料ほか、
特典多数！

TOEIC 500点台でも800点台でも英語力を底上げ！

CNN
ENGLISH EXPRESS

9
September 2023

生成AIは
何をもたらすか？

史上最年MAXのスタンドを新作！
ミッションⅠ

トム・クルーズ

世界に衝撃
「ブレゴジンの乱」

初級者からの
ニュース・リスニング

CNN
Student News
2023 [春夏]

動画音声付き
オンライン提供

音声アプリ＋動画で、
どんどん聞き取れる！

- レベル別に3種類の
  速度の音声を収録
- ニュース動画を字幕
  あり/なしで視聴できる

MP3・電子書籍版・
動画付き [オンライン提供]
A5判 定価1320円 (税込)

1本30秒だから、聞きやすい！

CNN
ニュース・リスニング
2023 [春夏]

電子書籍版付き
ダウンロード方式で提供

[30秒×3回聞き] 方式で
世界標準の英語がだれでも聞き取れる！

- テイラー・スウィフトが
  長編映画の監督に
- まるでゾンビ!? クモの
  死体を「動くロボット」化

MP3・電子書籍版付き
(ダウンロード方式)
A5判 定価1100円 (税込)

新しい英語力測定テストです。
詳しくはCNN GLENTSホームページをご覧ください。

https://www.asahipress.com/special/glents

CNN GLENTSとは

GLENTSとは、Global ENglish Testing Systemという名の通り、世界標準の英語を測るシステムです。リアルな英語を聞き取るリスニングセクション、海外の話題を読み取るリーディングセクション、異文化を理解するのに必要な知識を問う国際教養セクションから構成される、世界に通じる「ホンモノ」の英語力を測定するためのテストです。

お問い合わせ先

株式会社 朝日出版社 「CNN GLENTS」事務局
フリーダイヤル: **0120-181-202** E-MAIL: glents_support@asahipress.com
（平日午前10時～午後6時）

会話 1　🔊166

Ⓐ 刚才　的　电影　你　看懂　了　吗？
Gāngcái de diànyǐng nǐ kàndǒng le ma?

Ⓑ 差不多　都　看懂　了。不过，对　我　来说　有点儿　难。
Chàbuduō dōu kàndǒng le. Búguò, duì wǒ láishuō yǒudiǎnr nán.

Ⓐ 的确　不　容易　懂。还是　爱情　片　比较　好　懂。
Díquè bù róngyì dǒng. Háishi àiqíng piàn bǐjiào hǎo dǒng.

Ⓑ 前天　我　妈妈　从　老家　给　我　寄来　了　几　袋　特产。
Qiántiān wǒ māma cóng lǎojiā gěi wǒ jìlai le jǐ dài tèchǎn.

送给　你　一　袋。
Sònggěi nǐ yí dài.

Ⓐ 谢谢！对　了，这　是　我　妈妈　为　我　做　的　点心，
Xièxie! Duì le, zhè shì wǒ māma wèi wǒ zuò de diǎnxīn,

送给　你　一　盒　尝尝　吧。
sònggěi nǐ yì hé chángchang ba.

Ⓑ 哇，真　好吃，我　好久　没　吃到　这么　好吃　的　点心　了。
Wa, zhēn hǎochī, wǒ hǎojiǔ méi chīdào zhème hǎochī de diǎnxīn le.

会話 2　🔊167

Ⓐ 昨天　晚上　没　睡好，今天　早上　一　上课　就　困　了。
Zuótiān wǎnshang méi shuìhǎo, jīntiān zǎoshang yí shàngkè jiù kùn le.

Ⓑ 为什么　没　睡好？
Wèi shénme méi shuìhǎo?

Ⓐ 因为　下周　要　考试，所以　我　复习到　半夜　两点　才
Yīnwèi xiàzhōu yào kǎoshì, suǒyǐ wǒ fùxídào bànyè liǎngdiǎn cái

睡觉。
shuìjiào.

Ⓑ 太　辛苦　了。今天　早　点儿　睡　吧。
Tài xīnkǔ le. Jīntiān zǎo diǎnr shuì ba.

Ⓐ 是　啊，上完　课　就　回家　睡觉。
Shì a, shàngwán kè jiù huíjiā shuìjiào.

Ⓑ 明天　第　一　节　课　别　迟到　啊。
Míngtiān dì yī jié kè bié chídào a.

文法ポイント

POINT
1　　結果補語　　　　　　　　　　　　　　　　　　　　　🔊168

1）動作の結果、ある状態になることを表す。

動詞＋結果補語（動詞 / 形容詞）

懂 dǒng（理解する）　　　听懂 tīngdǒng（聞いて理解する）　看懂 kàndǒng（見て理解する）

到 dào（目的を達成する）　　买到 mǎidào（買って手に入れる）　找到 zhǎodào（見つける）

完 wán（終わる）　　　　　吃完 chīwán（食べ終わる）　写完 xiěwán（書き終わる）

见 jiàn（認識する）　　　　看见 kànjiàn（見える）　听见 tīngjiàn（聞こえる）

住 zhù（定着する）　　　　记住 jìzhù（覚える）　抓住 zhuāzhù（しっかりつかむ）

会 huì（できる）　　　　　学会 xuéhuì（学んでできるようになる）

好 hǎo（満足な状態になる）洗好 xǐhǎo（しっかり洗う）　学好 xuéhǎo（マスターする）

对 duì（正しい）　　　　　说对 shuōduì（正しく言う）　答对 dáduì（正しく答える）

错 cuò（間違える）　　　　写错 xiěcuò（書き間違える）　听错 tīngcuò（聞き間違える）

我已经找到工作了。
Wǒ yǐjing zhǎodào gōngzuò le.

我没听懂老师的话。/ 老师的话我没听懂。
Wǒ méi tīngdǒng lǎoshī de huà.　　Lǎoshī de huà wǒ méi tīngdǒng.

（目的語を主題として前に置くことがある。）

对不起，我听错了。
Duìbuqǐ, wǒ tīngcuò le.

你吃完了吗？/ 你吃完了没有？—— 吃完了。
Nǐ chīwán le ma?　　Nǐ chīwán le méiyǒu?　　Chīwán le.

还没吃完。
Hái méi chīwán.

2）前置詞の後置による結果補語

動詞＋結果補語（在 / 给 / 到）＋場所 / 時間 / 人

他住在哪儿？—— 他住在北京。
Tā zhùzài nǎr?　　Tā zhùzài Běijīng.

94

我想送给你一件礼物。
Wǒ xiǎng sònggěi nǐ yí jiàn lǐwù.

我们已经学到第十课了。
Wǒmen yǐjing xuédào dì shí kè le.

POINT 2 方向補語

169

動詞＋方向補語　　動作が行われる方向を表す。

	上 shàng	下 xià	进 jìn	出 chū	回 huí	过 guò	起 qǐ
来 lái	上来	下来	进来	出来	回来	过来	起来
去 qù	上去	下去	进去	出去	回去	过去	——

１）単純方向補語

你快进来！
Nǐ kuài jìnlai!

爸爸回来了吗？ —— 已经回来了。
Bàba huílai le ma?　　　　Yǐjing huílai le.

还没回来。
Hái méi huílai.

目的語が場所を表すときは"来""去"の前に置く。このとき、"来""去"に声調がつく。

他已经回中国去了。
Tā yǐjing huí Zhōngguó qù le.

２）複合方向補語

我不想走上去。
Wǒ bù xiǎng zǒu shàngqu.

她从三楼跑下来了。
Tā cóng sān lóu pǎo xiàlai le.

我想起来了。
Wǒ xiǎng qǐlai le.

目的語が場所を表すときは"来""去"の前に置く。

李老师走进教室来了。
Lǐ lǎoshī zǒu jìn jiàoshì lái le.

目的語が物のときは"来""去"の前後どちらにも置くことができる。

我买回盒饭来了。
Wǒ mǎihuí héfàn lái le.

我买回来盒饭了。
Wǒ mǎi huílai héfàn le.

POINT 3　一…就…　🔊 170

連続関係を表し、「…するとすぐに〜」の意。

我一说，他就明白了。
Wǒ yì shuō, tā jiù míngbai le.

他一下课，就去打工。
Tā yí xiàkè, jiù qù dǎgōng.

他想大学一毕业就跟她结婚。
Tā xiǎng dàxué yí bìyè jiù gēn tā jiéhūn.

POINT 4　因为…所以…　🔊 171

因果関係を表す複文で、「〜なので、（したがって）〜」の意。

因为天气不好，所以我不去。
Yīnwèi tiānqì bù hǎo, suǒyǐ wǒ bú qù.

因为感冒了，所以他今天不能去上课。
Yīnwèi gǎnmào le, suǒyǐ tā jīntiān bù néng qù shàngkè.

我学习中文，因为喜欢中国文化。
Wǒ xuéxí Zhōngwén, yīnwèi xǐhuan Zhōngguó wénhuà.

POINT 5　副詞"就"と"才"　🔊 172

"就"は主観的に早いと感じていることを、"才"は遅いと感じていることを表す。

我今天七点就起床了。
Wǒ jīntiān qī diǎn jiù qǐchuáng le.

我今天十一点才起床。
Wǒ jīntiān shíyī diǎn cái qǐchuáng.

練習 Practice

補充単語 🔊173

- □ 见 jiàn 見える、認識する
- □ 对 duì 正しい
- □ 京都 Jīngdū 京都
- □ 上来 shànglai 上がってくる
- □ 出来 chūlai 出てくる
- □ 出门 chū//mén 外出する
- □ 开始 kāishǐ 始まる、始める
- □ 疼 téng 痛い
- □ 病 bìng 病気
- □ 慢慢儿 mànmānr ゆっくりと

- □ 记住 jìzhù しっかり覚える
- □ 清楚 qīngchu はっきりしている
- □ 神户 Shénhù 神戸
- □ 进去 jìnqu 入っていく
- □ 过来 guòlai やってくる
- □ 洗澡 xǐ//zǎo 入浴する
- □ 头 tóu 頭
- □ 肚子 dùzi お腹
- □ 晚 wǎn 遅い

会話練習

1 （　　）の中の単語を下線部の単語に入れ替え、ペアで練習しましょう。　🔊174

❶ A 你看懂了吗？　　　　　　　B 没看懂（/ 看懂了）。
　　 Nǐ kàndǒng le ma?　　　　　　　Méi kàndǒng (/ kàndǒng le).

（听懂 tīngdǒng　买到 mǎidào　找到 zhǎodào　看见 kànjiàn　吃好 chīhǎo　喝完 hēwán）

❷ A 这个词你记住了吗？　　　　B 我记住了（/ 我没记住）。
　　 Zhège cí nǐ jìzhù le ma?　　　　Wǒ jìzhù le (/ Wǒ méi jìzhù).

（学会 xuéhuì　说对 shuōduì　写错 xiěcuò　听清楚 tīngqīngchu）

❸ A 你住在哪儿？　　　　　　　B 我住在东京。
　　 Nǐ zhùzài nǎr?　　　　　　　　Wǒ zhùzài Dōngjīng.

（京都 Jīngdū　神奈川 Shénnàichuān　神户 Shénhù　千叶 Qiānyè　埼玉 Qíyù）

❹ A 东西拿上来了吗？　　　　　B 拿上来了（/ 没拿上来）。
　　 Dōngxi ná shànglai le ma?　　　Ná shànglai le (/ Méi ná shànglai).

（进去 jìnqu　出来 chūlai　上去 shàngqu　下来 xiàlai　过来 guòlai）

❺ A 你今天几点来学校的？　　　B 我八点就来学校了。
　　 Nǐ jīntiān jǐ diǎn lái xuéxiào de?　　Wǒ bā diǎn jiù lái xuéxiào le.

（起床 qǐchuáng　出门 chūmén　上课 shàngkè　去打工 qù dǎgōng　跑步 pǎobù）

❻ A 昨天几点睡觉的？　　　　　B 昨天十二点才睡觉。

Zuótiān jǐ diǎn shuìjiào de?　　　　　Zuótiān shí'èr diǎn cái shuìjiào.

（回家 huíjiā　做作业 zuò zuòyè　洗澡 xǐzǎo　休息 xiūxi　开始 kāishǐ）

❼ A 昨天你为什么没来上课？　　B 因为我发烧了，所以没来。

Zuótiān nǐ wèi shénme méi lái shàngkè?　　Yīnwèi wǒ fāshāo le, suǒyǐ méi lái.

（头疼 tóuténg　肚子疼 dùzi téng　感冒 gǎnmào　病 bìng　起晚 qǐwǎn）

2 ペアで問答練習をしましょう。

❶ 老师说的汉语你听懂了吗？

❷ 第十课你都记住了吗？

❸ 你今天几点吃早饭的？

❹ 我一上课就困，你呢？

❺ 昨天我晚上十点才回家，你呢？

❻ 你为什么不去留学？

筆　記

3 次のピンインを漢字に直しましょう。

❶ Jīntiān de kè bǐjiào hǎodǒng, wǒ dōu tīngdǒng le.

....

❷ Wǒ mǎihuí héfàn lái le.　..

❸ Nǐ cóng sān lóu zǒuxiàqu ma?　..

❹ Tā zuótiān cái lái Rìběn.　..

❺ Wáng Yáng shàng xīngqī jiù huí Zhōngguó le.

....

4 （　　）に適切なものを①～④の中から一つ選び、文を完成しましょう。

❶ 他一回家（　　　）睡觉。

　　①就　　　　②也　　　　③想　　　　④才

❷ 我昨天十点（　　　）来学校。

　　①真　　　　②再　　　　③才　　　　④又

❸ 我想（　　　）那件事了。

　　①过来　　　②下来　　　③出来　　　④起来

❹ 要是你喜欢，我就送（　　　）你。

　　①给　　　　②了　　　　③过　　　　④到

❺ 我吃（　　　）了，你慢慢儿吃。

　　①到　　　　②好　　　　③见　　　　④来

リスニング

5 発音を聞き、漢字を書きとりましょう。　　🎧175

❶ ....

❷ ....

❸ ....

❹ ....

❺ ....

6 質問を聞き、①～④の中から適切な答えを一つ選びましょう。　　🎧176

❶　①　　　　　　②　　　　　　③　　　　　　④

❷　①　　　　　　②　　　　　　③　　　　　　④

❸　①　　　　　　②　　　　　　③　　　　　　④

❹　①　　　　　　②　　　　　　③　　　　　　④

❺　①　　　　　　②　　　　　　③　　　　　　④

第 11 課　手机找不到了

会話 🔊177

- □ 上次 shàngcì　前回
- □ 大概 dàgài　たぶん、おそらく
- □ 觉得 juéde　～と思う
- □ 想要 xiǎngyào　ほしい
- □ 组织 zǔzhī　組織する、企画する
- □ 当然 dāngrán　もちろん
- □ 不了 buliǎo　（実現）～できない
- □ 集训 jíxùn　合宿
- □ 虽然…但是… suīrán dànshì　～ではあるけれども～

- □ 丢 diū　なくす、紛失する
- □ 让 ràng　（～に）～させる
- □ 颜色 yánsè　色
- □ 春假 chūnjià　春休み
- □ 短期留学 duǎnqī liúxué　短期留学する
- □ 可能 kěnéng　～かもしれない
- □ 参加 cānjiā　参加する
- □ 没关系 méi guānxi　かまわない、大丈夫だ

文法ポイント 🔊178

- □ 黑板 hēibǎn　黒板
- □ 东京塔 Dōngjīngtǎ　東京タワー
- □ 不起 buqǐ　（金銭的に）～できない
- □ 报告 bàogào　レポート
- □ 自己 zìjǐ　自分

- □ 字 zì　文字、字
- □ 得了 deliǎo　（実現）～できる
- □ 叫 jiào　（～に）～させる
- □ 风 fēng　風
- □ 幸福 xìngfú　幸せ

会話　Conversation

会話 1 🔊 179

Ⓐ 你　上次　丢　的　手机　找到　了　吗？
Nǐ　shàngcì　diū　de　shǒujī　zhǎodào　le　ma?

Ⓑ 没有。大概　找不到　了。我　又　买　了　一　个　新的。
Méiyǒu.　Dàgài　zhǎobudào　le.　Wǒ　yòu　mǎi　le　yí　ge　xīnde.

Ⓐ 你　拿出来　让　我　看看。
Nǐ　náchūlai　ràng　wǒ　kànkan.

Ⓑ 好　吧。你　觉得　怎么样？
Hǎo　ba.　Nǐ　juéde　zěnmeyàng?

Ⓐ 这个　颜色　真　漂亮。我　也　想要。
Zhège　yánsè　zhēn　piàoliang.　Wǒ　yě　xiǎngyào.

Ⓑ 现在　哪儿　都　买得到。
Xiànzài　nǎr　dōu　mǎidedào.

会話 2 🔊 180

Ⓐ 春假　学校　组织　去　中国　短期　留学，你　妈妈　让　你
Chūnjià　xuéxiào　zǔzhī　qù　Zhōngguó　duǎnqī　liúxué,　nǐ　māma　ràng　nǐ
去　吗？
qù　ma?

Ⓑ 当然　让　我　去。我　妈妈　也　在　学　汉语。
Dāngrán　ràng　wǒ　qù.　Wǒ　māma　yě　zài　xué　Hànyǔ.

Ⓐ 那　太　好　了。可是，我　可能　去不了　了。
Nà　tài　hǎo　le.　Kěshì,　wǒ　kěnéng　qùbuliǎo　le.

Ⓑ 为什么？
Wèi shénme?

Ⓐ 因为　我　要　参加　集训。我们　社团　的　人　谁　也
Yīnwèi　wǒ　yào　cānjiā　jíxùn.　Wǒmen　shètuán　de　rén　shéi　yě
去不了。
qùbuliǎo.

Ⓑ 没　关系。虽然　今年　不　能　参加，但是　明年　还　有
Méi　guānxi.　Suīrán　jīnnián　bù　néng　cānjiā,　dànshì　míngnián　hái　yǒu
机会。
jīhuì.

11

文法ポイント

POINT 1 可能補語 🔊 181

　動詞と結果補語・方向補語の間に"得 / 不"を入れ、可能・不可能を表す。"吃得完chīdewán"は「食べ終えられる」"吃不完 chībuwán"は「食べ終えられない」の意である。

1）動詞＋得 / 不＋結果補語

听懂（聞いて理解する）	听得懂 tīngdedǒng	听不懂 tīngbudǒng
找到（見つける）	找得到 zhǎodedào	找不到 zhǎobudào
看清楚（はっきり見る）	看得清楚 kàndeqīngchu	看不清楚 kànbuqīngchu

2）動詞＋得 / 不＋方向補語

回来（帰ってくる）	回得来 huídelái	回不来 huíbulái
放下（置く空間がある）	放得下 fàngdexià	放不下 fàngbuxià
拿上去（持って上がっていく）	拿得上去 nádeshàngqu	拿不上去 nábushàngqu

他们都听不懂汉语。
Tāmen dōu tīngbudǒng Hànyǔ.

黑板上的字太小，我看不清楚。
Hēibǎnshang de zì tài xiǎo, wǒ kànbuqīngchu.

爸爸今天回得来吗？ / 爸爸今天回得来回不来？
Bàba jīntiān huídelái ma?　　Bàba jīntiān huídelái huíbulái?

东京塔我走不上去。
Dōngjīngtǎ wǒ zǒubushàngqu.

３）常用の可能補語

−得了（liǎo）/ −不了（ある動作を実現できる、できない、あるいは量的に「〜しきれる / しきれない」）

去得了 qùdeliǎo / 去不了 qùbuliǎo　　吃得了 chīdeliǎo / 吃不了 chībuliǎo

−得起 / −不起（財的、肉体的、精神的などの負担能力や資格がありできる、できない）

买得起 mǎideqǐ / 买不起 mǎibuqǐ　　吃得起 chīdeqǐ / 吃不起 chībuqǐ

你明天来得了来不了？ —— 我明天有事，来不了了。
Nǐ míngtiān láideliǎo láibuliǎo?　　　　Wǒ míngtiān yǒu shì, láibuliǎo le.

这个太贵了，我买不起。
Zhège tài guì le, wǒ mǎibuqǐ.

POINT 2　**使役文**　🔊182

主語＋"叫" / "让"＋名詞（目的語 / 主語)＋動詞句

　兼語文における前の動詞の位置に"叫""让"を用いると、「〜に〜させる」という使役の意味を表すことができる。

老师叫我们写报告。
Lǎoshī jiào wǒmen xiě bàogào.

哥哥叫弟弟去买可乐。
Gēge jiào dìdi qù mǎi kělè.

爸爸不让我玩儿游戏。
Bàba bú ràng wǒ wánr yóuxì.

让我看看吧。
Ràng wǒ kànkan ba.

疑問詞＋都 / 也 　　　　　　　　　　　　　　　　　　　　 ◀))183

"谁"＋"都" / "也" で「誰でも」「誰も」、"什么"＋"都" / "也" で「何でも」「何も」の意。
"也" の後ろは否定。

谁都知道这件事。
Shéi dōu zhīdao zhè jiàn shì.

我什么都不想吃。
Wǒ shénme dōu bù xiǎng chī.

现在我哪儿也不想去。
Xiànzài wǒ nǎr yě bù xiǎng qù.

虽然…但是… 　　　　　　　　　　　　　　　　　　　　　　 ◀))184

逆接関係を表す複文で、「…だが、しかし〜」の意。

虽然风大，但是天气不太冷。
Suīrán fēng dà, dànshì tiānqì bútài lěng.

虽然他没去过中国，但是他汉语说得很好。
Suīrán tā méi qùguo Zhōngguó, dànshì tā Hànyǔ shuōde hěn hǎo.

我虽然没有钱，但是自己觉得很幸福。
Wǒ suīrán méiyǒu qián, dànshì zìjǐ juéde hěn xìngfú.

練習 Practice

補充単語 🔊185

- □ 行李 xíngli 荷物
- □ 出去 chūqu 出ていく
- □ 得下 dexià （収容）〜できる
- □ 下去 xiàqu 下りていく
- □ 晴空塔 Qíngkōngtǎ スカイツリー
- □ 经常 jīngcháng いつも、常に

会話練習

1 （　）の中の単語を下線部の単語に入れ替え、ペアで練習しましょう。　🔊186

❶ A 你<u>看得见</u>吗？
Nǐ kàndejiàn ma?

B 我<u>看得见</u>（/ 看不见）。
Wǒ kàndejiàn (/ kànbujiàn).

（听得懂 tīngdedǒng / 听不懂 tīngbudǒng　喝得了 hēdeliǎo / 喝不了 hēbuliǎo
上得去 shàngdequ / 上不去 shàngbuqù　进得来 jìndelái / 进不来 jìnbulái）

❷ A 这么多行李你<u>拿得上去</u>吗？
Zhème duō xíngli nǐ nádeshàngqu ma?

B 我<u>拿得上去</u>（/ 拿不上去）。
Wǒ nádeshàngqu (/ Nábushàngqu).

（拿得下去 nádexiàqu / 拿不下去 nábuxiàqu　拿得了 nádeliǎo / 拿不了 nábuliǎo
拿得进去 nádejìnqu / 拿不进去 nábujìnqu　拿得出去 nádechūqu / 拿不出去 nábuchūqu）

❸ A 我们<u>买</u>这个吧。
Wǒmen mǎi zhège ba.

B 这个太贵了，我<u>买</u>不起。
Zhège tài guì le, wǒ mǎibuqǐ.

（吃 chī　喝 hē　玩儿 wánr）

❹ A 你妈妈让你<u>去留学</u>吗？
Nǐ māma ràng nǐ qù liúxué ma?

B 不让我<u>去留学</u>。
Bú ràng wǒ qù liúxué.

（抽烟 chōuyān　喝酒 hē jiǔ　玩儿游戏 wánr yóuxì　做饭 zuòfàn）

❺ A 你想<u>吃</u>什么？
Nǐ xiǎng chī shénme?

B 什么都想<u>吃</u>（/ 什么都不想<u>吃</u>）。
Shénme dōu xiǎng chī (/ shénme dōu bù xiǎng chī).

（买 mǎi　看 kàn　做 zuò　玩儿 wánr　学 xué）

2 ペアで問答練習をしましょう。

❶ 晴空塔，你走得上去吗？

❷ 你吃得了两个盒饭吗？

❸ 这个教室坐得下五十个人吗？

❹ 老师叫你做作业吗？

105

⑤ 早饭我什么都没吃，你呢？

⑥ 星期天你哪儿都不去吗？

筆　記 🖊

3 次のピンインを漢字に直しましょう。

① Wǒ diū de shǒujī dàgài zhǎobudào le.

② Nǐ náchūlai ràng wǒ kànkan.

③ Xiànzài nǎr dōu mǎibudào le.

④ Suīrán hěn nán, dànshì wǒ háishi xiǎng xué.

⑤ Jīntiān shéi dōu bú zài jiā.

4 （　）に適切なものを①〜④の中から一つ選び、文を完成しましょう。

① 昨天我买（　　　）电影票找不到了。
　　①的　　　　②得　　　　③了　　　　④过

② 听说你买了一个新手机，（　　　）我看看可以吗？
　　①请　　　　②想　　　　③要　　　　④让

③ （　　　）那家商场离我家很远，但是我经常去那儿买东西。
　　①因为　　　②虽然　　　③所以　　　④要是

④ 六楼太高了，这些东西我从一楼拿不（　　　）。
　　①下去　　　②出去　　　③上去　　　④出来

⑤ 今天都上班了，谁（　　　）不在家。
　　①还　　　　②也　　　　③要　　　　④让

5 発音を聞き、漢字を書きとりましょう。　　　🔊 187

1 ....

2 ....

3 ....

4 ....

5 ....

6 質問を聞き、①〜④の中から適切な答えを一つ選びましょう。　　　🔊 188

1 ①　　　　　②　　　　　③　　　　　④

2 ①　　　　　②　　　　　③　　　　　④

3 ①　　　　　②　　　　　③　　　　　④

4 ①　　　　　②　　　　　③　　　　　④

5 ①　　　　　②　　　　　③　　　　　④

Lesson 12

第 **12** 課 你把窗户关好了吗？

新出単語 Words and Phrases

会話 🔊189

☐ 天气预报 tiānqì yùbào　天気予報	☐ 把 bǎ　〜を
☐ 放心 fàngxīn　安心する	☐ 最后 zuìhòu　最後
☐ 请客 qǐng//kè　ごちそうする	☐ 不仅…而且… bùjǐn érqiě　〜ばかりでなく〜
☐ 还 hái　その上	☐ 就 jiù　（〜であるなら〜）
☐ 以后 yǐhòu　以後、今後	☐ 走路 zǒulù　道を歩く
☐ 小心 xiǎoxīn　注意する	☐ 差点儿 chàdiǎnr　もう少しで
☐ 被 bèi　〜に〜される	☐ 撞 zhuàng　ぶつかる
☐ 注意 zhù//yì　注意する、気をつける	☐ 来 lái　（積極的姿勢）進んで〜する
☐ 点菜 diǎn//cài　料理を注文する	☐ 服务员 fúwùyuán　従業員
☐ 要 yào　もらう、注文する	☐ 沙拉 shālā　サラダ
☐ 杏仁豆腐 xìngrén dòufu　杏仁豆腐	☐ 橙汁 chéngzhī　オレンジジュース
☐ 祝 zhù　祈る	☐ 愉快 yúkuài　楽しい
☐ 干杯 gān//bēi　乾杯する	

文法ポイント 🔊190

☐ 洗 xǐ　洗う	☐ 钥匙 yàoshi　鍵
☐ 包 bāo　かばん	☐ 小偷 xiǎotōu　泥棒
☐ 偷 tōu　盗む	☐ 照相机 zhàoxiàngjī　カメラ
☐ 借 jiè　借りる	☐ 苹果 píngguǒ　りんご
☐ 帮忙 bāng//máng　手伝う	☐ 弹 tán　弾く
☐ 吉他 jítā　ギター	

会話 Conversation

会話 1 🔊191

A 天气 预报 说 下午 有 雨，你 把 窗户 关好 了 吗？
Tiānqì yùbào shuō xiàwǔ yǒu yǔ, nǐ bǎ chuānghu guānhǎo le ma?

B 关好 了，放心 吧。
Guānhǎo le, fàngxīn ba.

A 今天 是 最后 一 节 课 了，下 了 课，我们 一起
Jīntiān shì zuìhòu yì jié kè le, xià le kè, wǒmen yìqǐ

吃 晚饭 吧。
chī wǎnfàn ba.

B 好 啊。今天 我 请客。
Hǎo a. Jīntiān wǒ qǐngkè.

A 谢谢。车站 附近 有 个 中国 饭店，不仅 好吃，而且
Xièxie. Chēzhàn fùjìn yǒu ge Zhōngguó fàndiàn, bùjǐn hǎochī, érqiě

还 很 便宜。
hái hěn piányi.

B 就 去 那个 饭店 吧。
Jiù qù nàge fàndiàn ba.

会話 2 🔊192

A 你 以后 走路 要 小心 点儿，刚才 差点儿 被 车 撞 了。
Nǐ yǐhòu zǒulù yào xiǎoxīn diǎnr, gāngcái chàdiǎnr bèi chē zhuàng le.

B 好 的，我 以后 注意。你 来 点菜 吧。我 什么 都 行。
Hǎo de, wǒ yǐhòu zhùyì. Nǐ lái diǎncài ba. Wǒ shénme dōu xíng.

A 服务员，我们 要 一 个 烤鸭、一 个 沙拉、还 要 两
Fúwùyuán, wǒmen yào yí ge kǎoyā, yí ge shālā, hái yào liǎng

个 杏仁豆腐。
ge xìngrén dòufu.

B 再 要 两 杯 橙汁。
Zài yào liǎng bēi chéngzhī.

A 橙汁 来 了。祝 你 假期 愉快！干杯！
Chéngzhī lái le. Zhù nǐ jiàqī yúkuài! Gānbēi!

B 干杯！
Gānbēi!

POINT 1 "把" 構文

🔊193

主語＋"把"＋目的語＋動詞＋付加成分（〜を〜する）

　"把"を用い、目的語を動詞の前に引き出し、それに対してどのような処置を加えたか
を表す。

我把这本书看完了。
Wǒ bǎ zhè běn shū kànwán le.

请把电话号码告诉我。
Qǐng bǎ diànhuà hàomǎ gàosu wǒ.

我把钱包忘在家里了。
Wǒ bǎ qiánbāo wàngzài jiāli le.

你把这件衣服洗一洗。
Nǐ bǎ zhè jiàn yīfu xǐyixǐ.

你把钥匙放在哪儿了？
Nǐ bǎ yàoshi fàngzài nǎr le?

　否定の副詞や助動詞は通常"把"の前に置く。

我还没把药吃完，病就好了。
Wǒ hái méi bǎ yào chīwán, bìng jiù hǎo le.

你不要把这件事告诉他。
Nǐ búyào bǎ zhè jiàn shì gàosu tā.

POINT 2 受け身文

🔊194

受け手＋"被"＋(動作主)＋動詞句（〜される）

我的包被小偷偷走了。
Wǒ de bāo bèi xiǎotōu tōuzǒu le.

照相机被朋友借走了。
Zhàoxiàngjī bèi péngyou jièzǒu le.

苹果被弟弟吃了。
Píngguǒ bèi dìdi chī le.

我的东西没被小偷偷过。
Wǒ de dōngxi méi bèi xiǎotōu tōuguo.

POINT 3 兼語文（2）

🔊195

主語＋動詞１＋兼語＋動詞２＋目的語

"请"（招待する、誘う）"送"（(人）を送る）などの動詞も、兼語文を構成することができる。

我请你们吃饭。
Wǒ qǐng nǐmen chīfàn.

我想请你来我家玩儿。
Wǒ xiǎng qǐng nǐ lái wǒ jiā wánr.

他昨天没送我回家。
Tā zuótiān méi sòng wǒ huíjiā.

積極的な意味の"来"

"来"＋動詞　　動詞の前に用い、積極的な姿勢を示す。

我来帮忙吧。
Wǒ lái bāngmáng ba.

我来介绍一下吧。
Wǒ lái jièshào yíxià ba.

我来弹吉他，你来唱歌吧。—— 好啊。
Wǒ lái tán jítā, nǐ lái chàng gē ba.　　Hǎo a.

这个问题你来做，可以吗？—— 可以，没问题。
Zhège wèntí nǐ lái zuò, kěyǐ ma?　　Kěyǐ, méi wèntí.

不仅…而且…

累加関係を表す複文で、「～であるだけでなく、また～」の意。

不仅他会说汉语，而且他姐姐也会说汉语。
Bùjǐn tā huì shuō Hànyǔ, érqiě tā jiějie yě huì shuō Hànyǔ.

他不仅会说英语，而且还会说汉语。
Tā bùjǐn huì shuō Yīngyǔ, érqiě hái huì shuō Hànyǔ.

她不仅喜欢踢足球，而且喜欢打棒球。
Tā bùjǐn xǐhuan tī zúqiú, érqiě xǐhuan dǎ bàngqiú.

練習 Practice

補充単語 🔊198

- ☐ 筷子 kuàizi 箸
- ☐ 笔记本 bǐjìběn ノート
- ☐ 杂志 zázhì 雑誌
- ☐ 没事儿 méi//shìr なんでもない
- ☐ 身体 shēntǐ 身体
- ☐ 一路 yílù 道中
- ☐ 顺风 shùnfēng 順風、順調
- ☐ 进步 jìnbù 進歩する
- ☐ 拿走 názǒu 持っていく
- ☐ 小吃 xiǎochī 軽食、おやつ
- ☐ 电子词典 diànzǐ cídiǎn 電子辞書
- ☐ 地图 dìtú 地図
- ☐ 查 chá 調べる
- ☐ 健康 jiànkāng 健康である
- ☐ 平安 píng'ān 無事である
- ☐ 节日 jiérì 祝日、祭日
- ☐ 回答 huídá 回答する
- ☐ 努力 nǔlì 努力する

会話練習

1 （　）の中の単語を下線部の単語に入れ替え、ペアで練習しましょう。　🔊199

① A 你把窗户关了吗？　　　B 关了（/ 没关）。
Nǐ bǎ chuānghu guān le ma?　　Guān le (/ Méi guān).

（门 mén　灯 dēng　电脑 diànnǎo　电视 diànshì）

② A 把课本放在桌子上吧。　　B 好的。
Bǎ kèběn fàngzài zhuōzishang ba.　Hǎo de.

（筷子 kuàizi　小吃 xiǎochī　笔记本 bǐjìběn　笔盒 bǐhé　词典 cídiǎn）

③ A 你的照相机呢？　　　B 被朋友借走了。
Nǐ de zhàoxiàngjī ne?　　Bèi péngyou jièzǒu le.

（自行车 zìxíngchē　课本 kèběn　电子词典 diànzǐ cídiǎn　杂志 zázhì　地图 dìtú）

④ A 我来拿吧。　　　B 没事儿。我自己拿。
Wǒ lái ná ba.　　Méishìr. Wǒ zìjǐ ná.

（写 xiě　说 shuō　做 zuò　放 fàng　查 chá　洗 xǐ）

⑤ A 祝你假期 愉快！　　　B 谢谢。
Zhù nǐ jiàqī yúkuài!　　Xièxie.

（身体 shēntǐ / 健康 jiànkāng　一路 yílù / 平安 píng'ān　一路 yílù / 顺风 shùnfēng
节日 jiérì / 愉快 yúkuài　学习 xuéxí / 进步 jìnbù）

2 ペアで問答練習をしましょう。

① 你把作业做完了吗？

② 你把手机放在哪儿了？

③ 你的东西被小偷偷过吗？

④ 这个问题你来回答，可以吗？

⑤ 今天我来说，你来写吧。

⑥ 祝你学习进步！

筆 記

3 次のピンインを漢字に直しましょう。

① Wǒ bǎ bāo fàngzài zhuōzishang le. ....

② Wǒ péngyou de diànzǐ cídiǎn bèi xiǎotōu tōuzǒu le.

....

③ Zhège Rìběncài nǐ lái zuò ba. ....

④ Zhù nǐ shēntǐ jiànkāng. ....

⑤ Wǒmen xuéxiào bùjǐn hěn dà, érqiě hěn piàoliang.

....

4 （　　）に適切なものを①～④の中から一つ選び、文を完成しましょう。

① 我（　　　）下周的课都预习了。
　　①把　　　②让　　　③被　　　④来

② 谁（　　　）我的眼镜拿走了？
　　①来　　　②被　　　③让　　　④把

③ 小王的电子辞典（　　　）朋友借走了。
　　①把　　　②被　　　③为　　　④向

④ 这个问题你（　　　）做吧。
　　①被　　　②把　　　③来　　　④让

⑤ 他不仅学习好，（　　　　）工作也很努力。

　　①因为　　　②而且　　　③所以　　　④但是

12

リスニング　🎧

5 発音を聞き、漢字を書きとりましょう。　　　　🔊 200

❶ ....

❷ ....

❸ ....

❹ ....

❺ ....

6 質問を聞き、①～④の中から適切な答えを一つ選びましょう。　　　　🔊 201

❶ ①　　　　　　②　　　　　　③　　　　　　④

❷ ①　　　　　　②　　　　　　③　　　　　　④

❸ ①　　　　　　②　　　　　　③　　　　　　④

❹ ①　　　　　　②　　　　　　③　　　　　　④

❺ ①　　　　　　②　　　　　　③　　　　　　④

簡体字	ピンイン	簡体字	ピンイン
东京都	Dōngjīng dū	爱知县	Àizhī xiàn
北海道	Běihǎidào	三重县	Sānchóng xiàn
京都府	Jīngdū fǔ	滋贺县	Zīhè xiàn
大阪府	Dàbǎn fǔ	兵库县	Bīngkù xiàn
青森县	Qīngsēn xiàn	奈良县	Nàiliáng xiàn
岩手县	Yánshǒu xiàn	和歌山县	Hégēshān xiàn
宫城县	Gōngchéng xiàn	鸟取县	Niǎoqǔ xiàn
秋田县	Qiūtián xiàn	岛根县	Dǎogēn xiàn
山形县	Shānxíng xiàn	冈山县	Gāngshān xiàn
福岛县	Fúdǎo xiàn	广岛县	Guǎngdǎo xiàn
茨城县	Cíchéng xiàn	山口县	Shānkǒu xiàn
栃木县	Lìmù xiàn	德岛县	Dédǎo xiàn
群马县	Qúnmǎ xiàn	香川县	Xiāngchuān xiàn
埼玉县	Qíyù xiàn	爱媛县	Àiyuán xiàn
千叶县	Qiānyè xiàn	高知县	Gāozhī xiàn
神奈川县	Shénnàichuān xiàn	福冈县	Fúgāng xiàn
新潟县	Xīnxì xiàn	佐贺县	Zuǒhè xiàn
富山县	Fùshān xiàn	长崎县	Chángqí xiàn
石川县	Shíchuān xiàn	熊本县	Xióngběn xiàn
福井县	Fújǐng xiàn	大分县	Dàfēn xiàn
山梨县	Shānlí xiàn	宫崎县	Gōngqí xiàn
长野县	Chángyě xiàn	鹿儿岛县	Lù'érdǎo xiàn
岐阜县	Qífù xiàn	冲绳县	Chōngshéng xiàn
静冈县	Jìnggāng xiàn		

直辖市

北京市 Běijīng shì	北京市	天津市 Tiānjīn shì	天津市
上海市 Shànghǎi shì	上海市	重庆市 Chóngqìng shì	重慶市

省

河北省 Héběi shěng	河北省	山西省 Shānxī shěng	山西省
辽宁省 Liáoníng shěng	遼寧省	吉林省 Jílín shěng	吉林省
黑龙江省 Hēilóngjiāng shěng	黒竜江省	江苏省 Jiāngsū shěng	江蘇省
浙江省 Zhèjiāng shěng	浙江省	安徽省 Ānhuī shěng	安徽省
福建省 Fújiàn shěng	福建省	江西省 Jiāngxī shěng	江西省
山东省 Shāndōng shěng	山東省	河南省 Hénán shěng	河南省
湖北省 Húběi shěng	湖北省	湖南省 Húnán shěng	湖南省
广东省 Guǎngdōng shěng	広東省	海南省 Hǎinán shěng	海南省
四川省 Sìchuān shěng	四川省	贵州省 Guìzhōu shěng	貴州省
云南省 Yúnnán shěng	雲南省	陕西省 Shǎnxī shěng	陝西省
甘肃省 Gānsù shěng	甘粛省	青海省 Qīnghǎi shěng	青海省
台湾 Táiwān	台湾		

自治区

内蒙古自治区 Nèiménggǔ zìzhìqū		内モンゴル自治区
广西壮族自治区 Guǎngxī zhuàngzú zìzhìqū		広西チワン族自治区
西藏自治区 Xīzàng zìzhìqū		チベット自治区
宁夏回族自治区 Níngxià huízú zìzhìqū		寧夏回族自治区
新疆维吾尔自治区 Xīnjiāng wéiwú'ěr zìzhìqū		新疆ウイグル自治区

特别行政区

香港特别行政区 Xiānggǎng tèbié xíngzhèngqū	香港特別行政区
澳门特别行政区 Àomén tèbié xíngzhèngqū	マカオ特別行政区

様々な形容詞

大 (大きい) dà	小 (小さい) xiǎo	长 (長い) cháng	短 (短い) duǎn
多 (多い) duō	少 (少ない) shǎo	远 (遠い) yuǎn	近 (近い) jìn
早 (早い) zǎo	晚 (晩い) wǎn	快 (速い) kuài	慢 (遅い) màn
对 (正しい) duì	错 (正しくない) cuò	好 (よい) hǎo	坏 (悪い) huài
新 (新しい) xīn	旧 (旧い) jiù	胖 (太っている) pàng	瘦 (痩せている) shòu
热 (熱い) rè	冷 (寒い) lěng	重 (重い) zhòng	轻 (軽い) qīng
高 (高い) gāo	低 (低い) dī	矮 (背が低い) ǎi	累 (疲れている) lèi
贵 (値段が高い) guì	便宜 (安い) piányi	难 (難しい) nán	容易 (やさしい) róngyi
干净 (清潔だ) gānjìng	脏 (汚れている) zāng	饱 (満腹する) bǎo	饿 (空腹だ) è
方便 (便利だ) fāngbiàn	高兴 (うれしい) gāoxìng	暖和 (暖かい) nuǎnhuo	凉快 (涼しい) liángkuai
快乐 (楽しい) kuàilè	愉快 (愉快だ) yúkuài	热闹 (賑やかだ) rènao	舒服 (心地よい) shūfu
好看 (見てきれいだ) hǎokàn	好听 (聞いて美しい) hǎotīng		
好吃 (食べておいしい) hǎochī	好喝 (飲んでおいしい) hǎohē		
漂亮 (美しい) piàoliang	困 (眠い) kùn		

118

个 (ge)	広く個体について	人 (人) rén	苹果 (リンゴ) píngguǒ	问题 (問題) wèntí
张 (zhāng)	平面のめだつもの	纸 (紙) zhǐ	照片 (写真) zhàopiàn	桌子 (机) zhuōzi
件 (jiàn)	服や荷物、事柄	衣服 (服) yīfu	行李 (荷物) xíngli	事 (用事) shì
条 (tiáo)	細長いもの	街 (通り) jiē	鱼 (魚) yú	裤子 (ズボン) kùzi
本 (běn)	書物など	书 (本) shū	词典 (辞書) cídiǎn	小说 (小説) xiǎoshuō
把 (bǎ)	握りのあるもの	伞 (傘) sǎn	刀 (ナイフ) dāo	椅子 (椅子) yǐzi
支，枝 (zhī)	細い棒状のもの	铅笔 (鉛筆) qiānbǐ	烟 (タバコ) yān	
杯 (bēi)	カップ単位	茶 (お茶) chá	水 (水) shuǐ	咖啡 (コーヒー) kāfēi
瓶 (píng)	ビン単位	酒 (お酒) jiǔ	啤酒 (ビール) píjiǔ	花 (花) huā
辆 (liàng)	車、乗り物	汽车 (自動車) qìchē	自行车 (自転車) zìxíngchē	
台 (tái)	機械、設備	电脑 (パソコン) diànnǎo	手机 (携帯) shǒujī	
位 (wèi)	敬意を受ける人	老师 (先生) lǎoshī	客人 (客) kèren	
节 (jié)	授業など	课 (授業) kè		
家 (jiā)	商店・企業など	商店 (店) shāngdiàn	公司 (会社) gōngsī	
口 (kǒu)	家族など	人 (人) rén		
双 (shuāng)	本来的に対のもの	鞋 (くつ) xié	手 (手) shǒu	筷子 (箸) kuàizi

単語索引

打工	dǎ//gōng	アルバイトをする	3
打开	dǎkāi	開ける	7
打雷	dǎ//léi	雷が鳴る	6
打扫卫生	dǎsǎo wèishēng		
		清掃する	9
打算	dǎsuan	～するつもりだ	5
大学	dàxué	大学	1
大学生	dàxuéshēng	大学生	1
带	dài	携帯する、持つ	6
戴	dài	身に着ける、	
		（眼鏡を）かける	6
袋	dài	（袋入りのものを数える）	
		袋	10
蛋糕	dàngāo	ケーキ	2
但是	dànshì	しかし	7
担心	dānxīn	心配する	8
当然	dāngrán	もちろん	11
到	dào	到着する	7
的	de	～の～、～の	1
的	de	（動詞（句）・名詞（句）の後	
		に置き、名詞を修飾する）	9
得	de	（動詞・形容詞の後に置き、	
		様態補語を導く）	9
得了	deliǎo	（実現）～できる	11
得下	dexià	（収容）～できる	11
德语	Déyǔ	ドイツ語	1
得	děi	～なければならない	7
灯	dēng	明かり、電灯	6
等	děng	待つ	6
弟弟	dìdi	弟	3
的确	díquè	確かに	10
地铁	dìtiě	地下鉄	4
地图	dìtú	地図	12
第一节	dì yī jié	1限目	10
点	diǎn	～時	3
点菜	diǎn//cài	料理を注文する	12
电车	diànchē	電車	4
电话	diànhuà	電話	3
电脑	diànnǎo	パソコン	3
电视	diànshì	テレビ	6
点心	diǎnxīn	お菓子、軽食	2
电影	diànyǐng	映画	5
电子词典	diànzǐ cídiǎn		
		電子辞書	12
丢	diū	なくす、紛失する	11
懂	dǒng	理解する、わかる	10
东京	Dōngjīng	東京	4
东京塔	Dōngjīngtǎ	東京タワー	11
冬天	dōngtiān	冬	4
东西	dōngxi	物、商品	6
都	dōu	みな、いずれも	1
独生子	dúshēngzǐ	一人っ子	3

对	duì	（対象）～に対して、～に	7
对	duì	正しい	10
对…来说	duì…láishuō		
		～にとって	10
对了	duìle	そうだ	10
多	duō	多い	4
多长时间	duōcháng shíjiān		
		どれくらいの時間	5
多大	duōdà	いくつ、何歳	3
多了	duō le	（形容詞＋"多了"で）	
		ずっと…だ	6
多少	duōshao	どれくらい、いくら	3
顿	dùn	（食事などを数える）回	8
肚子	dùzi	お腹	10
短期留学	duǎnqī liúxué		
		短期留学する	11

E

饿	è	空腹である	2

F

发	fā	発送する	9
法国	Fǎguó	フランス	1
发烧	fā//shāo	熱が出る	8
发音	fāyīn	発音	4
法语	Fǎyǔ	フランス語	1
饭	fàn	ご飯、食事	2
饭店	fàndiàn	ホテル、レストラン	5
饭团	fàntuán	おにぎり	4
放	fàng	休みになる	6
放	fàng	置く、入れる	6
方便面	fāngbiànmiàn		
		インスタントラーメン	4
放假	fàng//jià	休みになる	3
房间	fángjiān	部屋	8
放心	fàngxīn	安心する	12
放学	fàng//xué	授業が終わる、	
		学校が引ける	3
非常	fēicháng	非常に、きわめて	2
飞机	fēijī	飛行機	4
分	fēn	分（貨幣単位）	5
分钟	fēnzhōng	～分間	5
风	fēng	風	11
复旦大学	Fùdàn Dàxué		
		復旦大学	1
附近	fùjìn	付近、近所	5
服务员	fúwùyuán	従業員	12
复习	fùxí	復習する	9

G

咖喱	gālí	カレー	7
干	gàn	する、やる	6

干杯	gān//bēi	乾杯する	12	号馆	hàoguǎn	～号館	7
赶紧	gǎnjǐn	できるだけ早く	8	好好儿	hǎohāor	よく、ちゃんと	8
感冒	gǎnmào	風邪を引く	8	好喝	hǎohē	（飲んで）おいしい	2
感兴趣	gǎn xìngqù	興味がある	7	好久	hǎojiǔ	長い間	10
刚才	gāngcái	先ほど、さっき	10	好看	hǎokàn	きれいだ	2
高	gāo	（高さ・背が）高い	6	号码	hàomǎ	番号	3
告诉	gàosu	告げる、教える	4	好像	hǎoxiàng	どうも～のようだ	6
高兴	gāoxìng	うれしい	2	喝	hē	飲む	2
高中生	gāozhōngshēng			和	hé	～と	2
		高校生	1	盒	hé	（箱入りのものを数える）	
个	ge	（広く個体を数える）個	3			箱	10
哥哥	gēge	兄	3	盒饭	héfàn	お弁当	4
给	gěi	与える	4	黑板	hēibǎn	黒板	11
给	gěi	～に、～のために	7	很	hěn	とても	2
跟	gēn	～と	5	护士	hùshi	看護師	1
公交车	gōngjiāochē	バス	4	画	huà	描く	9
公园	gōngyuán	公園	5	话	huà	話・言葉	10
工作	gōngzuò	仕事（をする）	9	滑冰	huá//bīng	スケートをする	7
狗	gǒu	犬	8	花茶	huāchá	ジャスミンティー	9
刮风	guā fēng	風が吹く	6	滑雪	huá//xuě	スキーをする	7
拐	guǎi	曲がる	7	滑雪板	huáxuěbǎn	スノーボード	9
关	guān	閉める	6	画儿	huàr	絵	9
贵	guì	（値段が）高い	2	红茶	hóngchá	紅茶	2
贵姓	guìxìng	お名前（敬）	2	后边儿	hòubianr	後ろ、後方	4
国	guó	国	6	回	huí	帰る	4
过	guò	過ごす	9	会	huì	（技術・技能）～できる	7
过	guo	～したことがある	7	回答	huídá	回答する	12
过来	guòlai	やってくる	10	回锅肉	huíguōròu	ホイコーロー	7
果汁	guǒzhī	フルーツジュース	9	回来	huílai	帰ってくる	10
				火锅	huǒguō	火鍋	5

H

还	hái	まだ、さらに	6	<div align="center">J</div>			
还	hái	まあまあ、まずまず	9	几	jǐ	いくつ	3
还	hái	その上	12	寄	jì	郵送する、送る	10
海	hǎi	海	8	机会	jīhuì	機会	9
海边	hǎibiān	海辺	8	吉他	jítā	ギター	12
还是	háishi	それとも	8	集训	jíxùn	合宿	11
还是	háishi	やはり	10	记住	jìzhù	しっかり覚える	10
汉堡	hànbǎo	ハンバーガー	2	家	jiā	家	4
韩国	Hánguó	韓国	1	家	jiā	（店などを数える）軒	4
韩语	Hányǔ	韓国語	1	家里	jiāli	家（の中）	7
汉语	Hànyǔ	中国語	1	假期	jiàqī	休暇	7
韩元	Hányuán	ウォン	5	价钱	jiàqián	値段、価格	6
汉字	Hànzì	漢字	9	家人	jiārén	家族	7
好	hǎo	いい、はい（同意を表す）	2	件	jiàn	（衣類や事柄を数える）着	4
好	hǎo	よい	4	建	jiàn	建てる	7
好	hǎo	（"好"＋動詞）～しやすい	10	见	jiàn	見える、認識する	10
好	hǎo	（動詞＋"好"）～し終わる、		健康	jiànkāng	健康である	12
		しっかり～する	10	见面	jiàn//miàn	対面する、会う	8
号	hào	～日	3	教	jiāo	教える	4
好吃	hǎochī	（食べて）おいしい	2	叫	jiào	（名前は）～という	2
好的	hǎo de	（同意）はい、わかった	8	叫	jiào	（～に）～させる	11

教室	jiàoshì	教室	4	
饺子	jiǎozi	餃子	5	
节	jié	（授業を数える）コマ	3	
借	jiè	借りる	12	
结冰	jié//bīng	氷が張る	6	
结婚	jié//hūn	結婚する	10	
姐姐	jiějie	姉	3	
节日	jiérì	祝日、祭日	12	
近	jìn	近い	5	
进	jìn	入る	10	
进步	jìnbù	進歩する	12	
进来	jìnlai	入ってくる	10	
今年	jīnnián	今年	3	
进去	jìnqu	入っていく	10	
今天	jīntiān	今日	3	
经常	jīngcháng	いつも、常に	11	
京都	Jīngdū	京都	10	
静冈	Jìnggāng	静岡	8	
就	jiù	すぐに、もう	7	
就	jiù	（〜であるなら〜）	12	
就要…了	jiùyào le	まもなく〜だ	6	
觉得	juéde	〜と思う	11	

K

咖啡	kāfēi	コーヒー	2	
咖啡厅	kāfēitīng	カフェ	4	
卡拉OK	kǎlā'ōukèi	カラオケ	9	
开	kāi	開ける、開く	6	
开车	kāi//chē	車を運転する	7	
开始	kāishǐ	始まる、始める	10	
开心	kāixīn	楽しい、愉快だ	9	
看	kàn	見る	5	
考试	kǎo//shì	試験をする、試験を受ける	9	
课	kè	授業	3	
课本	kèběn	テキスト	1	
可乐	kělè	コーラ	9	
可能	kěnéng	〜かもしれない	11	
客气	kèqi	遠慮する	8	
客人	kèren	お客さん	7	
可是	kěshì	しかし	9	
课文	kèwén	テキスト本文	8	
可以	kěyǐ	よろしい	6	
可以	kěyǐ	（可能・許可）〜できる、〜してよい	7	
裤子	kùzi	ズボン	5	
块	kuài	元（貨幣単位）	5	
快	kuài	早く、急いで	6	
快	kuài	速い	9	
快…了	kuài le	もうすぐ〜だ	6	
筷子	kuàizi	箸	12	
困	kùn	眠い	2	

L

拉面	lāmiàn	ラーメン	5	
来	lái	来る	4	
来	lái	（積極的姿勢）進んで〜する	12	
老家	lǎojiā	生家、故郷	6	
老师	lǎoshī	先生	1	
了	le	（動作の完了・状態の変化を表す）	6	
累	lèi	疲れる	2	
冷	lěng	寒い	2	
离	lí	〜から、〜まで	5	
李	Lǐ	李（姓）	2	
里	li	（名詞＋里）〜の中	4	
里边儿	lǐbianr	中、内部	4	
历史	lìshǐ	歴史	7	
礼物	lǐwù	プレゼント	6	
练习	liànxí	練習する	9	
两	liǎng	二、二つ	3	
凉快	liángkuai	涼しい	4	
聊天	liáo//tiān	おしゃべりをする	8	
零	líng	零	5	
刘	Liú	劉（姓）	2	
流利	liúlì	流暢である	9	
留学生	liúxuéshēng	留学生	1	
楼	lóu	階、ビル	10	
绿茶	lǜchá	緑茶	2	
旅游	lǚyóu	旅行する	4	

M

吗	ma	〜か（疑問を表す）	1	
妈妈	māma	お母さん、母	1	
麻婆豆腐	mápó dòufu	マーボ豆腐	5	
买	mǎi	買う	2	
慢慢儿	mànmānr	ゆっくりと	10	
馒头	mántou	マントウ、蒸しパン	9	
忙	máng	忙しい	2	
猫	māo	猫	8	
毛	máo	角（貨幣単位）	5	
毛衣	máoyī	セーター	6	
美	měi	美しい	8	
没关系	méi guānxi	かまわない、大丈夫だ	11	
美国	Měiguó	アメリカ	1	
妹妹	mèimei	妹	3	
没事儿	méi//shìr	なんでもない	12	
每天	měitiān	毎日	5	
没问题	méi wèntí	構わない	6	
美元	Měiyuán	米ドル	5	
门	mén	ドア	6	
米饭	mǐfàn	ご飯、ライス	9	
面包	miànbāo	パン	2	

面条	miàntiáo	麺	5
明白	míngbai	わかる	10
明天	míngtiān	明日	4

N

拿	ná	つかむ、持つ	6
那	nà	それ、あれ	2
那	nà	それなら	5
那个	nàge	それ、その、あれ、あの	2
哪国	nǎ guó	どこの国	7
拿走	názǒu	持っていく	12
哪儿	nǎr	どこ	4
那儿	nàr	あそこ	2
奶奶	nǎinai	（父方）おばあさん	7
难	nán	難しい	4
南京大学	Nánjīng Dàxué		
		南京大学	1
呢	ne	（疑問）〜は？	2
呢	ne	（動作・状態の継続を表す）	6
能	néng	（能力・条件）〜できる	7
你	nǐ	あなた	1
你好	nǐ hǎo	こんにちは	2
你们	nǐmen	あなたたち	1
年	nián	〜年間	5
念	niàn	声を出して読む	8
年级	niánjí	〜年生	3
年纪	niánjì	年齢	3
您	nín	あなたさま（敬）	2
牛奶	niúnǎi	牛乳	2
努力	nǔlì	努力する	12
暖和	nuǎnhuo	暖かい	4

O

欧元	Ōuyuán	ユーロ	5

P

胖	pàng	太っている	6
旁边儿	pángbiānr	そば	4
跑	pǎo	走る	10
跑步	pǎobù	ジョギングをする	9
朋友	péngyou	友だち	1
啤酒	píjiǔ	ビール	2
便宜	piányi	安い	2
票	piào	切符	7
漂亮	piàoliang	美しい	2
瓶	píng	（瓶に入っているものを数える）本	7
平安	píng'ān	無事である	12
苹果	píngguǒ	りんご	12
乒乓球	pīngpāngqiú	卓球	7
葡萄酒	pútaojiǔ	ワイン	7

Q

骑	qí	（またがって）乗る	4
起床	qǐ//chuáng	起きる	3
起来	qǐlai	起きる、"想起来"で「思い出す」	10
埼玉	Qíyù	埼玉	8
钱	qián	お金	5
前	qián	前	7
钱包	qiánbāo	さいふ	4
铅笔	qiānbǐ	鉛筆	4
前边儿	qiánbianr	前方	4
前天	qiántiān	おととい	10
千叶	Qiānyè	千葉	8
巧克力	qiǎokèlì	チョコレート	2
请	qǐng	〜してください	6
清楚	qīngchu	はっきりしている	10
请多关照	Qǐng duō guānzhào		
		どうぞよろしく	2
清华大学	Qīnghuá Dàxué		
		清華大学	1
青椒肉丝	qīngjiāo ròusī		
		チンジャオロース	5
请客	qǐng//kè	ごちそうする	12
晴空塔	Qíngkōngtǎ	スカイツリー	11
秋天	qiūtiān	秋	4
去	qù	行く	3
去年	qùnián	昨年	7
裙子	qúnzi	スカート	5

R

让	ràng	（〜に）〜させる	11
热	rè	熱い	2
人民币	Rénmínbì	人民元	5
日本	Rìběn	日本	1
日本菜	Rìběncài	日本料理	7
日本料理	Rìběn liàolǐ	日本料理	5
日本人	Rìběnrén	日本人	1
日语	Rìyǔ	日本語	1
日元	Rìyuán	日本円	5
容易	róngyì	容易である、〜しやすい	10
肉	ròu	肉	8

S

散步	sàn//bù	散歩する	3
三明治	sānmíngzhì	サンドイッチ	2
沙拉	shālā	サラダ	12
山梨	Shānlí	山梨	8
上	shang	（名詞＋上）〜の上	4
上班	shàng//bān	出勤する	7
商场	shāngchǎng	商業施設、デパート	4
上次	shàngcì	前回	11

商店	shāngdiàn	店、商店	4
上海	Shànghǎi	上海	8
上课	shàng//kè	授業にでる、授業が始まる	3
上来	shànglai	上がってくる	10
商量	shāngliang	相談する	6
上去	shàngqu	上がっていく	10
上学	shàng//xué	登校する	3
社团活动	shètuán huódòng	サークル活動	3
谁	shéi	誰	3
神户	Shénhù	神戸	10
什么	shénme	何	3
什么时候	shénme shíhou	いつ	3
神奈川	Shénnàichuān	神奈川	8
身体	shēntǐ	身体	12
生日	shēngrì	誕生日	3
生鱼片	shēngyúpiàn	刺身	5
是	shì	～である（判断を表す）	1
事	shì	事、用事	4
是…的	shì de	～のだ	8
时间	shíjiān	時間	9
食品	shípǐn	食品	6
食堂	shítáng	食堂	4
瘦	shòu	痩せている	6
售货员	shòuhuòyuán	店員	1
手机	shǒujī	携帯電話	5
寿司	shòusī	寿司	5
书	shū	本	1
书包	shūbāo	かばん	4
蔬菜	shūcài	野菜	8
书店	shūdiàn	本屋	4
舒服	shūfu	気分がよい	8
暑假	shǔjià	夏休み	6
水	shuǐ	水	9
水果	shuǐguǒ	果物	8
水饺	shuǐjiǎo	水餃子	9
睡觉	shuì//jiào	眠る	3
顺风	shùnfēng	順風、順調	12
说	shuō	言う、話す	7
说话	shuō//huà	話をする	8
收拾	shōushi	片付ける	9
四川大学	Sìchuān Dàxué	四川大学	1
酸奶	suānnǎi	ヨーグルト	7
岁	suì	歳	3
虽然…但是…	suīrán dànshì	～ではあるけれども～	11
岁数	suìshu	年齢	3

所以	suǒyǐ	だから	7

T

他	tā	彼	1
她	tā	彼女	1
他们	tāmen	彼ら	1
她们	tāmen	彼女たち	1
台	tái	（機械などを数える）台	3
太	tài	～すぎる、あまりに～	9
太极拳	tàijíquán	太極拳	9
太…了	tài…le	とても～だ	5
台湾大学	Táiwān Dàxué	台湾大学	1
谈	tán	語る	9
弹	tán	弾く	12
躺	tǎng	横になる、寝そべる	6
趟	tàng	（往復の動作を数える）回	8
特别	tèbié	特に	4
特产	tèchǎn	特産物	10
疼	téng	痛い	10
踢	tī	ける	7
甜	tián	甘い	2
天气	tiānqì	天気、気候	4
天气预报	tiānqì yùbào	天気予報	12
田中	Tiánzhōng	（姓）田中	2
跳舞	tiào//wǔ	ダンスをする	7
听力	tīnglì	聴力、リスニング	9
听说	tīngshuō	～だそうだ	7
同学	tóngxué	クラスメート	5
偷	tōu	盗む	12
头	tóu	頭	10
图书馆	túshūguǎn	図書館	4

W

哇	wa	わあ	10
外国	wàiguó	外国	7
完	wán	終わる	10
晚	wǎn	遅い	10
晚饭	wǎnfàn	夕食	3
晚上	wǎnshang	夜	3
玩儿	wánr	遊ぶ	9
王	Wáng	王（姓）	2
往	wǎng	（方向）～に向かって、～へ	7
忘	wàng	忘れる	6
网球	wǎngqiú	テニス	7
王洋	Wáng Yáng	王洋（人名）	2
为	wèi	～のために	10
为什么	wèi shénme	なぜ、どうして	10
微信	Wēixìn	ウィーチャット	9
问	wèn	問う、訪ねる	6
问好	wèn//hǎo	よろしく言う	7
文化	wénhuà	文化	7

问题	wèntí	問題、質問		7
我	wǒ	わたし		1
我们	wǒmen	わたしたち		1
乌龙茶	wūlóngchá	ウーロン茶		2

X

洗	xǐ	洗う		12
喜欢	xǐhuan	好きである		5
洗手间	xǐshǒujiān	お手洗い		5
吸烟	xī//yān	タバコを吸う		7
洗澡	xǐ//zǎo	入浴する		10
下课	xià//kè			10
下来	xiàlai	下りてくる		10
下去	xiàqu	下りていく		11
夏天	xiàtiān	夏		4
下午	xiàwǔ	午後		4
下星期	xià xīngqī	来週		6
下雪	xià xuě	雪が降る		6
下雨	xià yǔ	雨が降る		6
下周	xiàzhōu	来週		9
现在	xiànzài	現在、いま		9
想	xiǎng	～したい		5
想	xiǎng	思う		10
向	xiàng	(方向・対象)～へ、～に		7
橡皮	xiàngpí	消しゴム		4
想要	xiǎngyào	ほしい		11
小	xiǎo	小さい		6
小吃	xiǎochī	軽食、おやつ		12
小笼包	xiǎolóngbāo	ショーロンポー		8
小时	xiǎoshí	～時間		5
小说	xiǎoshuō	小説		8
小偷	xiǎotōu	泥棒		12
小心	xiǎoxīn	注意する		12
些	xiē	いくらか、いくつか		6
鞋	xié	くつ		5
写	xiě	書く		3
谢谢	xièxie	ありがとう		6
新	xīn	新しい、新たに		7
新干线	xīngànxiàn	新幹線		4
新加坡	Xīnjiāpō	シンガポール		1
辛苦	xīnkǔ	つらい、骨が折れる		10
行	xíng	よい、かまわない		7
行	xíng	(能力)すばらしい、いい		9
姓	xìng	～という姓である		2
幸福	xìngfú	幸せ		11
行李	xíngli	荷物		11
星期几	xīngqī jǐ	何曜日		3
星期三	xīngqīsān	水曜日		3
星期四	xīngqīsì	木曜日		3
星期天	xīngqītiān	日曜日		3
星期一	xīngqīyī	月曜日		3

杏仁豆腐	xìngrén dòufu			
		杏仁豆腐		12
兄弟姐妹	xiōngdì jiěmèi			
		兄弟姉妹		3
休息	xiūxi	休憩する、休む		7
学	xué	学ぶ、習う		7
学生	xuésheng	学生		1
学习	xuéxí	勉強する		3
学校	xuéxiào	学校		3

Y

眼镜	yǎnjìng	眼鏡		6
颜色	yánsè	色		11
要	yào	要する、かかる		5
要	yào	～しなければならない		7
要	yào	もらう、注文する		12
药	yào	薬		8
钥匙	yàoshi	鍵		12
要是…的话,(就)…	yàoshi de huà, (jiù)			
		もし～なら		9
也	yě	～も		1
爷爷	yéye	(父方)おじいさん		7
一边…一边…	yìbiān…yìbiān			
		～しながら～する		9
一点儿	yìdiǎnr	少し("点儿"とも)		6
衣服	yīfu	服		5
以后	yǐhòu	以後、今後		12
已经	yǐjing	すでに		8
一…就…	yī…jiù…	～するとすぐ～		10
一路	yílù	道中		12
一起	yìqǐ	一緒に		5
以前	yǐqián	以前		6
医生	yīshēng	医者		1
一下	yíxià	ちょっと(～する)		6
一样	yíyàng	同じである		6
医院	yīyuàn	病院		8
一直	yìzhí	まっすぐに、ずっと		7
因为…所以…	yīnwèi…suǒyǐ…			
		～なので、したがって～		10
音乐	yīnyuè	音楽		7
英国	Yīngguó	イギリス		1
英语	Yīngyǔ	英語		1
用	yòng	～を用いて、～で		6
用	yòng	使う		7
有	yǒu	ある、いる		3
右	yòu	右		7
又	yòu	また		9
右边儿	yòubianr	右側、右の方		4
有点儿	yǒudiǎnr	少し		4
邮件	yóujiàn	eメール		9
邮局	yóujú	郵便局		5
游戏	yóuxì	ゲーム		3

有意思	yǒu yìsi	おもしろい	4
游泳	yóu//yǒng	泳ぐ、水泳	7
鱼	yú	魚	8
愉快	yúkuài	楽しい	12
雨伞	yǔsǎn	雨傘	6
预习	yùxí	予習する	9
远	yuǎn	遠い	5
圆珠笔	yuánzhūbǐ	ボールペン	4
月	yuè	～月	3
运动	yùndòng	スポーツ	7

Z

杂志	zázhì	雑誌	12
在	zài	ある、いる	4
在	zài	～で	5
在	zài	～している	6
再	zài	再び、もう一度	9
咱们	zánmen	私たち	9
早点儿	zǎo diǎnr	早く、早めに	10
早饭	zǎofàn	朝食	3
早上	zǎoshang	朝	6
怎么	zěnme	どう、どのように	4
怎么	zěnme	どうして、なぜ	9
怎么了	zěnme le	どうした	8
怎么样	zěnmeyàng	どうか、いかがか	4
站	zhàn	立つ	6
张	Zhāng	張（姓）	2
找	zhǎo	探す	10
赵	Zhào	趙（姓）	2
照	zhào	（写真を）撮る	6
照相	zhào//xiàng	写真を撮る	7
照相机	zhàoxiàngjī	カメラ	12
这	zhè	これ	2
着	zhe	（動作・状態の持続を表す）	6
这个	zhège	これ、この	2
折合	zhéhé	換算する	5
这么	zhème	こんなに	10
这儿	zhèr	ここ	2

真	zhēn	本当に	5
真的	zhēnde	本当だ、本当に	7
珍珠奶茶	zhēnzhū nǎichá	タピオカミルクティー	7
正	zhèng	～しているところだ	6
正在	zhèngzài	ちょうど～している	6
知道	zhīdao	知っている	7
职员	zhíyuán	職員	1
中国	Zhōngguó	中国	1
中国菜	Zhōngguócài	中華料理	5
中国人	Zhōngguórén	中国人	1
种类	zhǒnglèi	種類	6
中田	Zhōngtián	（姓）中田	2
中文	Zhōngwén	中国語	10
住	zhù	住む、泊まる	5
祝	zhù	祈る	12
注意	zhù//yì	注意する、気をつける	12
撞	zhuàng	ぶつかる	12
桌子	zhuōzi	机	4
字	zì	文字、字	11
自己	zìjǐ	自分	11
自行车	zìxíngchē	自転車	4
走	zǒu	行く、歩く	6
走路	zǒulù	道を歩く	12
足球	zúqiú	サッカー	7
组织	zǔzhī	組織する、企画する	11
最后	zuìhòu	最後	12
最近	zuìjìn	最近、近頃	6
左	zuǒ	左	7
做	zuò	する、つくる	4
坐	zuò	座る、（乗り物に）乗る	4
左边儿	zuǒbianr	左側、左の方	4
昨天	zuótiān	昨日	6
作业	zuòyè	宿題	3
左右	zuǒyòu	～ぐらい	5

著者

筒井 紀美　早稲田大学、警察大学校 中国語講師
王 紅艶　　早稲田大学、立教大学、亜細亜大学 中国語講師

表紙・本文デザイン・イラスト　富田 淳子

音声吹込　胡 興智　姜 海寧

――――――――――――――――――――――

しっかり定着　聞ける、話せる中国語

――――――――――――――――――――――

検印 省略	Ⓒ 2024 年 1 月 31 日　初 版 発 行

著 者　　　　　　　　　　　筒井 紀美
　　　　　　　　　　　　　王 紅艶

発行者　　　　　　　　小 川 洋 一 郎
発行所　　　　　　株式会社 朝 日 出 版 社
〒101-0065　東京都千代田区西神田 3－3－5
電話(03) 3239-0271・72(直通)
振替口座　東京　00140-2-46008
http://www.asahipress.com/
倉敷印刷

――――――――――――――――――――――